suhrkamp taschenbuch 1918

Renate Rubinstein, geboren am 16. November 1929 in Berlin. 1935 Umzug mit ihrer Familie nach Holland. Erste Buchveröffentlichung 1964. Es folgten etwa 20 weitere Bücher mit ihren Erzählungen, Essays und Zeitungsartikeln. Renate Rubinstein starb am 24. November 1990 in Amsterdam.

In ihrem ersten auf deutsch erschienenen Buch *Nichts zu verlieren und dennoch Angst* (edition suhrkamp 1022) beobachtete Renate Rubinstein, in welcher Weise der Prozeß der Trennung von Ehepartnern abläuft. Ihr neues Buch, *Immer verliebt,* beschäftigt sich mit jenem Zustand, der die Trennung so schmerzlich werden läßt: der Liebe. In den Erzählungen, Prosaskizzen und Notizen werden die Phasen und Aspekte der Liebe beschrieben: der Zustand der Verliebtheit, den Renate Rubinstein die »geladenen Zeiten« nennt, in denen »jede Handlung, jeder Zufall, seine tiefe Bedeutung erhält«; der Ärger über das Bemuttern, wenn man zusammenlebt, und dessen angenehme Seiten, die man erst realisiert, wenn die Zeit der »Freiheit« wieder angebrochen ist; die Eifersucht, die nicht sein darf und doch vorhanden ist; die »Treue«, ein heute obsoleter Begriff, der aufgegeben wurde zugunsten des trügerischen »ehelichen Besprechens bzw. Erzählens«; das Grübeln über das andere Geschlecht, die so gepriesene freie Sexualität, die vom »infantilen« Bedürfnis nach Liebe befreit.

Renate Rubinstein
Immer verliebt

Aus dem Niederländischen von
Rahel E. Feilchenfeldt

Suhrkamp

Titel der Originalausgabe: *Liefst verliefd*.
Die Erzählungen *Rache 2000, Alibi, Männer und Frauen, Väter und Töchter, Moderne Liebe* und *Eifersucht* sind dem Band *Naar de bliksem? Ik niet* entnommen.
Umschlag: Hermann Michels

suhrkamp taschenbuch 1918
Erste Auflage dieser Ausgabe 1991

Druck: Ebner Ulm
Printed in Germany

1 2 3 4 5 6 – 96 95 94 93 92 91

Immer verliebt

Verliebt

»Ich habe schon oft den Gedanken gehegt«, schreibt Benjamin Constant in seinem *Tagebuch*, »daß das Gefühl der Liebe im Grunde mit dem geliebten Gegenstand nichts gemein hat. Es ist nur ein Bedürfnis des Herzens, das periodisch wiederkehrt, zwar in größeren Abständen als die Forderung der Sinne, aber auf die gleiche Art, und so wie die gegenseitige Anziehung der Geschlechter bewirkt, daß man irgendeine Frau finden möchte, an der man sich erfreuen kann, sucht das Verlangen des Herzens nach einem Objekt entweder um seiner Sanftmut oder seiner Schönheit oder um eines anderen Vorzugs willen, der dann zu einem Vorwand wird, den das Herz an die Einbildungskraft weiterleitet, um seine Wahl zu rechtfertigen.«

So wie immer, wenn jemand sich gut kennt und sich darüber auch noch kaltblütig Rechenschaft ablegt, trifft diese Feststellung nicht nur für Constant zu, sondern besitzt allgemeinere Geltung. Das soll nun nicht heißen, daß zwischen der Liebe und ihrem Objekt absolut kein Zusammenhang besteht – sonst könnte sich aus jeder Zufallsbekanntschaft etwas entwickeln. Vielleicht ist das ja auch wirklich der Fall. Zumindest beruhen viele Filme und Komödien auf der Idee, daß sich bei Mann und Frau, die im Dschungel, in einem Segelboot oder in einem Hotelzimmer allein gelassen werden, die Liebe – nach Überwindung von Hindernissen – automatisch einstellt. Auf jeden Fall braucht es einen Anknüpfungspunkt, und wer in sich geht, wird bemerken, daß es sich dabei oft um nichts anderes handelt als um eine Kleinigkeit, die über sehr persönliche, assoziative Wege zu vergangenen Liebesgeschichten führt.

In dem Roman *Lolita* verliebt sich Mr. Humbert nur in Mädchen, die jünger sind als fünfzehn, so alt wie seine erste Geliebte und er zu diesem Zeitpunkt. Das Alter spielt oft eine Rolle; ist es höher als das des Verliebten, ist die Umwelt schnell bereit, ihn bzw. sie auf Vater- oder Mutterbindungen hinzuweisen. (Diese Entdeckung ist in einem Maße zum Allgemeingut geworden, daß sie jedes schockierende Moment verloren hat und sich ein heutiger Ödipus weiß Gott die Augen nicht mehr ausstechen würde.) Manche Mädchen verlieben sich immer wieder in verheiratete Männer – ihre Väter waren es schließlich auch –, andere wiederum verlieren den Kopf, wenn sie einen Tenorsaxophonisten sehen. Am schlimmsten dran sind diejenigen, die sich aufgrund von Assoziationen mit einer früheren unglücklichen Liebschaft nur in unmögliche Subjekte verlieben, weil für sie echte Liebe den Reiz des Tragischen besitzen muß.

Die meisten Menschen sind sich jedoch der assoziativen Art ihrer Emotionen nicht bewußt, und selbst jene mit etwas mehr Durchblick glauben nicht, daß diese Zufälle die einzigen Ursachen ihrer Verliebtheit sein könnten. Denn wenn das Motörchen der Liebe einmal auf Touren gekommen ist, beginnt es eilfertig immer neue, stets anziehendere Eigenschaften beim Geliebten zu entdecken. Ein halbes Wort von ihm genügt, und das weite Feld seiner Kenntnisse und seines Wissens zeichnet sich ab – warum eigentlich nicht: So ein Niemandsland kann endlos mit Illusionen bevölkert werden, ohne daß diese auf widerspenstige Tatsachen stoßen. Verliebte Augen sind nicht blind, im Gegenteil, sie sehen viel besser als gleichgültige – sie interpretieren nur anders: Seine Hände zittern? Das kommt von der Aufregung, und ich bin der Grund. Sein Anzug ist grün? Den hat ihm bestimmt seine Mutter gekauft. Sein Haar riecht nach Brillantine? Na ja, eigentlich ist das nebensächlich, es paßt nur nicht zu ihm.

Denn aus einem mysteriösen Grund weiß man genau, daß alles, was einem an ihm seltsam vorkommt, nicht zu ihm gehört. Und manchmal, es kommt zwar selten vor, aber die Möglichkeit besteht immerhin, hat man recht: die Liebe überlistet dann die Wirklichkeit.

Er seinerseits benimmt sich ähnlich. In der kleinsten Geste und in den albernsten Witzen entdeckt er Charme und Geist, von denen man bis dahin nichts wußte. Verliebtheit wird dadurch zu einer hinreißenden Spielart der Eigenliebe, und wenn sich auch manch ein Verliebter in einem Anflug von Bescheidenheit fragt, wie es denn in aller Welt möglich sei, daß ein so besonderes Wesen eine so armselige Kreatur wie ihn lieben könne, so führte doch diese Einsicht sicher kaum jemanden dazu, am Wert des anderen zu zweifeln. Diese Eigenliebe ist übrigens keineswegs beklagenswert. Das Gebot der Nächstenliebe verlangt, daß man sich erst einmal selbst liebt. Die Menschen, die andere wirklich lieben können, fühlen sich auch meistens wohl in ihrer eigenen Haut. Geliebten, die ständig seufzen: »Du bist zu gut für mich, ich bin deiner nicht würdig«, muß man zutiefst mißtrauen. Entweder meinen sie dies wirklich und können deshalb gar nicht lieben, oder sie meinen es nicht und sagen es nur, um damit auf taktvolle Art ihr baldiges Verschwinden einzufädeln.

Nach einer gewissen Zeit aber wird deutlich, daß der Geliebte nicht vollständig, nicht immer – oder noch nicht – mit den eigenen Wünschen übereinstimmt.

Nun ist der Wurm drin, auch wenn das keiner wahrhaben will, und – das zweite Stadium hat begonnen: Du versuchst ihn, und zu deiner Bestürzung tut er das gleiche, ein klein wenig zu ändern. Das mit den Partys, zum Beispiel. Man hat ihn zwar selbst bei so einer Einladung kennengelernt – aber man möchte dennoch, daß er den Kontakt mit seinen feuchtfröhlichen Spießgesellen aufgibt und sich ernsthaft an seine Arbeit setzt. (Dies zu wollen hattest du zu Beginn als seine wahre Natur interpretiert, jetzt zeigt sich allerdings, daß er zwei wahre Naturen hat.) Seine Wortwahl, sicher nur eine Nebensache – aber müßtest du ihm nicht ein für allemal klar machen, daß du »Törtchen« und »Küßchen« abgeschmackt findest und er doch besser schlicht »Kuchen« und »Kuß« sagen sollte? Wochenlang hat er voller Bewunderung deinen Geschichten gelauscht, jetzt erklärt er auf einmal: »Du redest so viel.« Aber dies Ändern ist eine heikle Sache. Erstens gibt's bei jemandem, der die Zwanzig überschritten hat, schlichtweg nicht mehr viel zu ändern, und zweitens verändert man, wenn es gelingen sollte, schrecklicherweise vieles von dem, was unverändert hätte bleiben sollen. Die Liebe selber, zum Beispiel. Beim nächsten Stadium gibt es zwei Varianten: Mutlosigkeit oder wirkliche Liebe. In beiden Fällen ist die reine, simple Verliebtheit vorbei. Die perfekte Harmonie von Haut und Hirn – die zwar, wie sich später herausstellt, auf tausend Mißverständnissen aufgebaut wurde –, der Glanz, der sich durch das Versprechen noch reinerer Formen von Gemeinsamkeit über die bereits vorhandenen ausbreitete, sind vorüber. Und, nicht wahr, das ist auch gut so. Man muß schließlich an der weiteren Karriere basteln, man muß arbeiten, die Zeitung will gelesen sein, die Umwelt fordert wieder einmal die volle Aufmerksamkeit, der Geliebte muß endlich richtig erkannt und als selbständiges Wesen aufgefaßt werden; kurz und gut, die Wirklichkeit, das einzige Element, in dem man auf Dauer gedeihen kann, muß wieder hereingebeten werden. Daß diese am Anfang etwas grau aussieht, ist nicht zu vermeiden – auffallen aber wird es einem erst, wenn sich noch einmal eine Gelegenheit bieten sollte, sie im Farbenkleid zu sehen.

Es gibt keinen Zufall

Auf dem Gipfel der Verliebtheit – also bereits bald nach ihrem Beginn – funktioniert der Instinkt so gut, daß er die verschiedenen Umstände in idealer Weise zusammentreffen läßt: Die beiden ersten gemeinsamen Spaziergänge fallen ausgerechnet auf unsere beiden Nationalfeiertage. Während man im Café sitzt, beginnt es zu regnen, sobald man es verläßt, bricht die Sonne durch. Der Abschiedskuß – du bist im Zug, er steht auf dem Bahnsteig – und die Anfahrt des Zuges finden in genau demselben Moment statt. Man geht ans Meer und das Meer leuchtet, man friert und stößt prompt auf ein schwelendes Feuerchen am Strand. Man verliert die Uhr zwischen den großen Steinen und findet sie mit einem Handgriff wieder. Man radelt in Amsterdam durch die Vijzelstraat und alle Ampeln wechseln auf Grün, sobald man sich nähert. Das ist Glück.

Ist das Risiko groß und die Gefahr unberechenbar, nimmt der Aberglaube zu. Die primitiven Einwohner urbar gemachter Lichtungen im undurchdringlichen Urwald schützen sich mit Zauberei und Tabus, mit hundert verschiedenen Arten von Aberglauben gegen die ansonsten unkontrollierbare Umgebung. Boxer, Diebe und Spieler haben ihre eigenen Methoden im Umgang mit dem launischen Zufall. Aber auch wir versuchen im Krieg und bei der Liebe, Unglück mit Privatmagie zu bannen. Man erzählte mir, daß sich Soldaten nie zu dritt von einem einzigen Streichholz Feuer nehmen: Der Tod, der sich listig am kleinsten Ort verbirgt, verhindert einen allzu sorglosen Umgang mit Kleinigkeiten! Verliebte, die nicht unmittelbar nach dem Liebesschwur Holz suchen, um darauf zu klopfen, müssen auf alles gefaßt sein ... Wir, in unserer sicheren, gesundheitsbewußten Friedenszeit, versichert für alle Lebenslagen, versorgt bis zum Tod, beschützt gegen die Natur, unterstützt bei Arbeitslosigkeit, aufgepäppelt aus praktisch jeder Krankheit, wir kennen Gefahr nur in den kurzen Zeiten leidenschaftlicher Liebe. Aber dann lauert sie an den Abgründen zu beiden Seiten des schmalen Stegs des Glücks. Ein Brief, ein Blick, ein Telephongespräch, eine Geste - oder deren Ausbleiben - kann Unheil stiften. Jede körperliche Gefahr wird ein wirklich Verliebter mit Handkuß auf sich nehmen, wenn er dadurch das große Unglück abwenden kann. Anzeichen dafür findet man überall, die Kunst besteht darin, sie richtig zu interpretieren. Zum Beispiel: Wenn ich es in drei Minuten schaffe, nach Hause zu radeln, in fünf Sprüngen die Treppe hinaufkomme oder mit einem einzigen Streichholz den Ofen anstecken kann - dann wird heute abend ein Brief von ihm da sein. Oder Tolstois Prinz Andrej: während er beobachtet, wie Natascha auf einem Ball auf zwei Damen zugeht, denkt er: Wenn sie zuerst zu ihrer Nichte geht und erst darauf zu der anderen, dann wird sie meine Frau werden. Das Glück ist eine Frage des Glücks. Jeder Handlung, jedem Zufall wird in solch gespannten Zeiten eine tiefe Bedeutung zugemessen, weil es nichts, aber auch gar nichts gibt, was nicht den Keim künftigen Glücks oder Unglücks in sich trägt.

Wenn die Ampel nicht umschaltet, bevor man durch ist, wird alles gut gehen. Aber sie schaltet um. Was nun? Große Verzweiflung, alles verloren? Aber nein, man grinst betreten, man denkt, was für ein Unsinn, und läßt den Mut nicht sinken, denn bei den Spielregeln des Privataberglaubens ist Mogeln erlaubt. Außerdem - der Schmerz wäre zu groß! Wer es auf die Spitze treibt, wird sagen, er kenne die Regeln nicht und das Rotlicht sei im Gegenteil ein Glückszeichen, denn ist Rot nicht die Farbe, die für Glück und Freiheit steht?

»Daß wir den Verstand verloren haben, wird als bedrohliches Symptom sichtbar, wenn wir irgendeinen unentschiedenen Umstand für weiß, für unserer Liebe günstig ansehen und ihn kurz darauf, nachdem wir erkannt haben, daß er in Wirklichkeit schwarz ist, immer noch für verheißungsvoll halten.« Dies schrieb Stendhal vor hundertvierzig Jahren.

Theoretisch

»Ach, ich liebe dich so sehr.«

»Ja, warum eigentlich, weißt du das überhaupt?«

»Genau das frage ich mich auch manchmal: Wahrscheinlich weil ich dich liebe, oder?«

»Na, und dafür hänge ich mich so rein! Was ist denn mit meinen Späßen, mit den Überraschungen, die ich mir liebevoll für dich ausdenke, und mit allem anderen, von dem du doch immer behauptest, daß du es so magst?«

»Das habe ich ja auch alles sehr gern, aber wenn ich dich nicht liebte, wärest du doch dieselbe Person. Ich würde dich dann einfach nicht lieben. Es gibt doch einen Haufen netter Leute.«

»Das ist ja noch schöner: Du liebst eigentlich in allem nur dich, das, was *du* investierst. Ich könnte genausogut ein anderer sein?«

»Ja, eigentlich verrückt, aber so ist es. Aber da du es bist, bist du es und kein anderer.«

»Wenn ich jetzt plötzlich ganz ernsthaft wäre, mir nie mehr was Lustiges ausdächte und dick würde, würdest du mich dann nicht mehr lieben?«

»Natürlich, genauso. Du bist doch immer du. Aber lieber nicht, bitte.«

»Nein, ich wäre dann nicht mehr ich, ich wäre dann ein anderer Mensch.«

»Aber das würde keinen Unterschied machen, ich kann auch etwas anderes lieben, solange es noch du bist.«

»Wie könntest du dann noch wissen, daß ich es bin, wenn ich in allem anders wäre, als ich bin?«

»Das habe ich doch gerade gesagt. Ich liebe dich doch nicht wegen deiner Eigenschaften oder wegen deines Tuns oder deines Aussehens.«

»Das ist mir alles zu logisch, aber es paßt ganz gut. Ich wollte dir nämlich mitteilen, daß ich einen Brief von Tini erhalten habe; sie fragt, ob ich eine Woche mit ihr nach Südfrankreich kommen wolle. Das möchte ich gern. Sie ist so nett.«

»Dreckskerl! Geh nur! Du mußt allerdings wissen, daß ich dich dann nie mehr sehen will. Ich kann niemanden lieben, der auf Abenteuer aus ist. Und dann noch mit dieser Tini, dem dümmsten, unbedarftesten, flatterhaftesten, kapriziösesten Wesen, das ich je gesehen habe!«

»Na, siehst du jetzt?«

»Ach, du kannst mich mal!«

Leben

Die einzige Möglichkeit, nicht unglücklich zu werden, ist, es bereits zu sein, dachte der Mann und schrieb seiner Freundin einen Abschiedsbrief. Er nahm einen Zug Richtung Hafen und fuhr mit einem Schiff in ein anderes Land, um dort so zu leben, wie er es gewollt hatte: unglücklich. Auf jeden Fall habe ich nun keine Angst mehr, dachte er, was kann mir noch geschehen? Und er sprang vom höchsten Sprungbrett und spazierte in Dachrinnen, denn auch Angst vor der Höhe brauchte er nicht mehr zu haben.

Andere Menschen in seiner Umgebung waren nicht unglücklich. Männer hatten Frauen, und Eltern hatten Kinder. Wie unheimlich, dachte er, so zu leben. Man stelle sich vor, daß die Frauen weglaufen oder die Kinder sterben könnten. Ich verstehe nicht, wie sie dies aushalten. Er suchte sich eine Stelle und einen Hund und ein Zimmer voller Bücher. Eines Tages verlor er die Stelle, und der Hund starb. Wenig später verbrannten die Bücher. Da merkte er, daß er trotz allem glücklich gewesen sein mußte, denn jetzt war er unglücklich. Ja, habe ich nun das Unglück kennengelernt, ist das alles? dachte er. Und er nahm Schiff und Zug und fuhr zurück.

Von da an sorgte er dafür, mehrere Unglücksquellen zu haben: Er umgab sich mit vielen Freundinnen, die er alle liebte. Am meisten aber liebte er die jeweils letzte, weil die da war. Auch war er beim Verlust einer jeden traurig. Am traurigsten immer über die letzte, weil die gerade noch da gewesen war. Und als er starb, war er nicht zufrieden und nicht unzufrieden, einfach tot.

Tun als ob

»Lieber Rolf, ich danke Dir sehr für Deinen lieben Brief, den ich heute früh bekam. Ob ich morgen mit Dir ausgehen möchte? Was für eine Frage! Du weißt doch ganz genau, wie ich mich freue, Dich wiederzusehen. Eigentlich kann ich dies ›morgen‹ kaum erwarten, aber...«

Nein, ich bin verrückt geworden. Zwei Monate ist dieser schreckliche Kerl in Paris gewesen, aber schreiben, keine Spur. Jetzt macht er plötzlich wieder auf verliebt. Es ist sicher nichts mit dem blonden Mädchen geworden, mit dem Suus ihn gesehen hat. Und ich bin in der Zwischenzeit für nichts und wieder nichts zum Briefkasten gesaust. Das soll ich einfach hinnehmen? Er denkt wahrscheinlich, daß ich auf ihn warte. Na, darin könnte er sich ganz schön irren.

»Rolf, es tut mir leid für Dich, aber in den letzten Monaten hat sich doch einiges geändert: Ich habe nämlich entdeckt, daß ich oberflächliche, eingebildete Egoisten, die außer einem guten Charakter nicht viel vorweisen können, nicht mag. Du wirst wohl selbst am besten wissen, wie schön und intelligent Du bist. Momentan habe ich wahnsinnig viel zu tun, aber vielleicht kann ich es einrichten, nächste Woche einen Abend für Dich freizuhalten, wenn...« Nein, so kommt er natürlich nie mehr zurück. Dafür ist er zu eitel. Ich bin auch wirklich sehr streng mit ihm. Vielleicht hat er sich in den zwei Monaten ja stark nach mir gesehnt, vielleicht hat er sogar ein Geschenk für mich gekauft, und dann erhält er so einen Brief... Und Suus ist ja eine Schwätzerin. Das blonde Mädchen kann ihn auch nur nach dem Weg gefragt haben, eine Schwedin, die die Stadt nicht kennt, oder eine von denen, die sich an Jungens hängen, obwohl die das gar nicht wollen. Rolf ist ja so höflich...

»Mein guter Rolf, ich muß gestehen, Dein Brief kam wirklich recht spät. In den letzten Monaten habe ich Dir mindestens sechs Mal geschrieben und, als Du nie geantwortet hast, angenommen, daß Du Dir nichts mehr aus mir machst. Ehrlich gesagt, war ich darüber sehr unglücklich. Da Du jetzt schreibst, daß Du Dich so auf unser Wiedersehen freust, will ich mein Urteil über Dich noch aufschieben. Zufälligerweise paßt es morgen *mir* nicht – und ich warne Dich, meine Gefühle für Dich sind etwas abgekühlt –, aber am Wochenende könnten wir uns sehen. Wobei ich nicht gesagt haben will, daß ich Dich nicht immer noch sehr...« Nein, so stelle ich mich bloß. Der Kerl weiß doch ganz genau, wie unglücklich er mich machen kann. Meine Gefühle gehen ihn außerdem überhaupt nichts an, hat er mir doch in all der Zeit auch nie gestanden, was er fühlte. Jetzt werden wir einmal die Rollen tauschen: Ich nehme ihn mir zu meinem eigenen Vergnügen, spiegle ihm Gefühle vor, und zwar so, daß er kapiert: für diesen einen Abend soll er mir lieb und wert sein – aber mehr ist nicht. Und für einen weiteren Abend, wenn es mir gerade gefällt. Er soll sich ruhig vernascht vorkommen...

»Lieber Rolf, ich danke Dir sehr für Deinen lieben Brief, den ich heute früh bekam. Ob ich morgen mit Dir ausgehen möchte? Was für eine Frage! Du weißt doch ganz genau, wie ich mich freue, Dich wiederzusehen. Eigentlich kann ich dies ›morgen‹ kaum erwarten, aber...«

Ehe

»Bettsy und ich, wir können uns nicht entscheiden. Das war schon am ersten Tag so, als ich sie auf einer Party kennenlernte. Ich fragte, ob ich sie mit dem Auto nach Hause bringen dürfe. Aber sie war mit dem Rad gekommen und wußte nicht, was sie lieber wollte: mich und das warme Auto oder ihr Rad und die Kälte. Schließlich sind wir zu Fuß aufgebrochen, und ich schob ihr Rad. Aber als wir bei ihr angekommen waren, wußten wir nicht recht, ob es gut gewesen war, das Auto allein zurückzulassen. Daraufhin sind wir wieder zurückgegangen.

Ein besonders nettes Mädchen, diese Bettsy, und mich mochte sie auch gern. Wir sahen einander oft, eigentlich täglich. Mit der Zeit hielten uns alle für verlobt, wir selbst auch. Nur, wir wußten es nie genau. Manchmal fand sie, daß es an der Zeit wäre, auseinander zu gehen, und ich war damit nicht einverstanden, und manchmal fand ich, daß ich lieber etwas anderes hätte, und sie hielt es gerade für Unsinn. Immer diese Unsicherheit – so konnte es nicht mehr weitergehen. Wir müssen heiraten, sagte ich, aber sie war nicht so sicher und deshalb warfen wir eine Münze. Kopf – wir lassen es, Zahl – wir heiraten, sagten wir. Es war Kopf, aber weil wir nicht sicher waren, ob wir die Alternative richtig auf die Münze verteilt hatten, heirateten wir doch. Zuerst schien es, als ob eine Last von uns genommen wäre: wir waren verheiratet, das stand fest. Aber schon bald hatten wir den Eindruck, daß eine Ehe nichts anderes ist als der Entschluß, sich nicht scheiden zu lassen. Und Bettsy und ich konnten noch immer keine Entschlüsse fassen. Viele Leute in unserer Umgebung durchaus, die ließen sich nach einer gewissen Zeit scheiden, machten reinen Tisch. Wir verstanden nicht, wie sie das fertigbrachten. Die meisten Bekannten blieben übrigens weiterhin verheiratet, aber aus irgendeinem Grund betrachteten sie dies nie als einen unsicheren Zustand, was es doch eigentlich ist. Der einmal gefaßte Entschluß, sich nicht scheiden zu lassen, genügte ihnen sichtlich. Damit schlossen sie einfach die Augen vor der Realität. Wir nicht, im Gegenteil. Bettsy brachte das Thema in gewissen Abständen immer wieder auf. Meistens war ich dagegen, aber manchmal waren wir uns einig. Nächstes Jahr lassen wir uns scheiden, versprachen wir einander. Aber wenn es soweit war, wollte sie wieder nicht. Alle hatten Mitleid mit uns. Die Freunde gewöhnten sich an, nach den Sommerferien telephonisch bei uns anzufragen, ob wir noch immer zusammen seien. Meine Schwiegereltern äußerten jeden Sylvesterabend den Wunsch, Bettsy auch im kommenden Jahr noch in meinem Haus anzutreffen. Der Steuerbeamte fand nichts mehr dabei, daß er von uns jedes Jahr zwei vorläufige Steuererklärungen erhielt. Sophie, unsere Älteste, lag mir in den Ohren mit ihren Fragen nach dem, was wir alles tun würden – wie viele Lutscher sie bekommen würde, wie oft wir in den Zoo gehen würden –, wenn sie gemütlich mit mir allein wohnen werde. Bettsy fand das nur halb so komisch, aber sobald David sprechen gelernt hatte, zeigte er ihr täglich neue Autos und sogar einen Luftballon, mit dem man reisen konnte, sobald sie endlich ohne mich sein würden. Ich gebe zu, daß unsere Familie beneidenswert ist, jedenfalls vorläufig. Die Zeit vergeht bekanntlich im Nu. David, zum Beispiel, leistet nun seinen Militärdienst ab. Vater, schrieb er mir gestern, seid ihr beide Dienstag in vierzehn Tagen noch zusammen? Ehrlich gesagt, weiß es Bettsy noch nicht so genau. Ich auch nicht. In letzter Zeit habe ich mich allerdings gefragt, ob ich jemand anderen hätte finden können, der in dieser Weise fähig gewesen wäre, die Spannung in meinem Leben aufrechtzuerhalten. Bettsy sagt, daß auch sie dies schon bedacht habe und daß sie überdies anfange zu zweifeln, ob wir jemals noch eine solche Person finden könnten. Es sieht deshalb so aus, als ob wir am besagten Dienstag unsere silberne Hochzeit feiern werden, aber wir machen keinen Hehl daraus, daß wir dessen vorläufig noch nicht sicher sind.«

Jammervoll

»Mein ganzes Leben suche ich nach etwas. Wenn die Sonne scheint, wenn es regnet, wenn ich umherspaziere und wenn ich am Fenster stehe, immer. Aber ich finde es nicht. Ich suche Liebe, nicht eine große Liebe, soviel verlange ich gar nicht, aber eine richtige. Jemanden, der mich versteht. Jemanden, dem ich etwas bedeuten kann. Du mußt nicht meinen, daß ich etwas bekommen möchte, im Gegenteil, ich will nur geben. In meiner Umgebung gibt es keine solchen Menschen. Sie sind alle ganz anders als ich. Wie soll ich mich ausdrücken: sie sind gröber und dümmer als ich. Manchmal beneide ich sie direkt. Wirklich, das heißt nicht, daß ich auf sie herabschaue, überhaupt nicht, ich wäre selber gerne so. Aber sie sind hartgesotten, alle miteinander. Schau, wenn ich zum Beispiel Mozart höre, dann bedeutet mir das etwas. Und das fühlen diese Leute einfach nicht. Manchmal sehe ich plötzlich eine Frau, und ich weiß genau: Ich könnte ihr etwas bedeuten, sie könnte ich glücklich machen. Mehr will ich gar nicht. Ein bißchen Verständnis, ein bißchen Wärme, das ist alles.«

»Ja, und Marga?«

»Ach, Marga, das ist auch nichts. Sie möchte schon, sie strengt sich an, aber sie ist im Grunde nichts für mich. Wir haben eigentlich nichts gemeinsam. Ich, zum Beispiel, gehe gerne in so eine große Kathedrale hinein. Das kommt dir vielleicht merkwürdig vor, aber ich tue das ab und zu, einfach so. Und dann sehe ich das Licht in diesen Fensterscheiben, und ich höre die Orgel. Und dann bedeutet mir das etwas. Aber Marga nicht, sie fühlt das nicht. Ja, sie bemüht sich wirklich, aber ich weiß, daß sie es nur tut, um mir Freude zu machen – denn wirklich begreifen kann sie es ja gar nicht. Dafür ist sie zu grob. Zu hartgesotten, wie die meisten Menschen. Aber ab und zu sehe ich jemanden, oft reicht ein Profil, eine Handbewegung, und ich bin mir sicher: mit ihr wäre es möglich!«

»Und was passiert dann?«

»Dann umschwärme ich sie, nicht aufdringlich natürlich, sondern äußerst taktvoll, so daß sie merkt, daß sie mir etwas bedeutet, und dann bin ich glücklich.«

»Ist Marga darüber nicht traurig?«

»Die hat damit ja gar nichts zu tun. Sie merkt es übrigens nicht; ich spreche wenig mit ihr. Darüber beklagt sie sich natürlich, aber so bin ich nun einmal, ich kann es nicht ändern. Jedenfalls nicht mit ihr.«

»Und wie reagieren die anderen Frauen?«

»Ja, das ist nun wirklich seltsam. Sobald ich weiß, daß sie meine Gefühle erwidern, ist die Geschichte für mich erledigt. Dann entwickelt sich in mir sogar eine Art Haß, nein, nicht Haß, Abscheu. Vielleicht kann ich einfach nichts Billiges lieben. Ich will ihnen etwas schenken, aber immer wieder scheinen sie dessen nicht würdig zu sein. Immer wieder geht es schief – und dann suche ich weiter, ich gebe es nicht auf, denn ich weiß genau, daß ich etwas Besseres verdiene. Jemanden, der mich versteht, so wie du. Du bist ja auch so wie ich. Wie findest du mich eigentlich?«

»Ich, dich? Entschuldige, nein danke, hartgesotten liegt mir nicht! Dann mal tschüs!«

Vorwurf

Jetzt muß ich es sagen, dachte das Mädchen, nach der Kreuzung, wenn wir auf der leeren Landstraße sind. Aber an der Kreuzung war die Ampel rot, und als sie wieder fuhren, konzentrierte sich der Mann neben ihr auf das Überholen von anderen Wagen. Sie hatte es schon den ganzen Nachmittag gewußt, daß sie es nachher sagen würde, aber in der Zwischenzeit über Arbeit, Wetter, Mädchen und Musik geschwatzt. Beim Nachtisch, hatte sie beschlossen, denn dann ist die Stimmung noch locker, und das Essen kann nicht mehr verdorben werden. Es kam nicht dazu; entweder weil das Restaurant zu leer war oder weil der Mann sein Sahnetörtchen mit so großem Genuß aß; wahrscheinlich auch einfach aus Feigheit – jedenfalls hatte sie es auf den Nachhauseweg verschoben.

Inzwischen hatte das Auto bereits Dreiviertel von dem zum Reden bestimmten Asphalt geschluckt und wieder hinter sich gelassen, ohne daß ein Wort gefallen wäre. Verdammt, dachte das Mädchen, wie soll ich es freundlich und zugleich bestimmt sagen und ohne daß er es zu persönlich nimmt? Fred, ich finde dich wahnsinnig nett, aber eigentlich merkwürdig, und ich mag an sich nichts Merkwürdiges. Das hatte sie schon einmal gesagt, aber als er damals meinte, daß bei ihr dieses Gefühl wieder vergehen würde, hatte sie das auch geglaubt. Es verging aber nicht. Im Gegenteil, je besser sie ihn kennenlernte, desto seltsamer kam er ihr vor. Seine spitzen Schuhe, zum Beispiel, aus dem schwarzen, genarbten Leder, putzte er eisern jeden Morgen. Aber sie konnte doch nicht sagen: es ist aus zwischen uns, denn deine Schuhe gehen mir auf die Nerven. Oder: ich komme nicht darüber hinweg, daß du dieses moderne Haus aus Glas und Beton schön fandst, das alte Bauernhaus jedoch nicht. Oder: ich kann nicht mehr mit dir zusammensein, weil du bei Jaaps Sherry gefragt hast: Ist der von Albert Heijn? – dabei hatte ihn seine Frau doch extra in eine Kristallkaraffe umgefüllt! Oder, weil du immer alle Kinder fragst, wie es ihnen in der Schule gefällt, und weil du alle Hunde dreckig und alles Gras feucht und alle Gefühle Anstellerei findest. Oder weil du so gerne Schlagsahne ißt. Sie mußte leise lachen. »Was gibt's denn Lustiges?« fragte der Mann. »Ich dachte gerade«, sagte das Mädchen, »daß es eigentlich Unsinn ist, jemandem etwas vorzuwerfen.« »Ja, tue ich das denn?« »Jetzt, wo du mich direkt fragst, ja, du tust es oft«, sagte das Mädchen. »Du meinst, daß ich unpassende Schuhe zum schwarzen Rock anziehe, und du meinst, daß ich zuviel mit Jaap geredet habe; und als ich dir erzählte, daß ich am liebsten am Strand entlanglaufe, sagtest du, das sei wieder so eine literarische Idee von mir, denn du würdest dort immer nur einsinken.« »Ach, für mich ist es nicht schlimm, daß du immer übertreibst«, sagte der Mann. »Aber für mich schon«, sagte das Mädchen, »und ich bin sicher, daß du mich gar nicht nett findest.« Der Mann parkte den Wagen vor der Haustüre. »Sieh mal an, in vierundzwanzig Minuten, das ist nicht schlecht. Soll ich dich noch hinaufbegleiten – natürlich ganz ohne Vorwürfe?« »Ich will schlafen«, sagte das Mädchen, »und ich bin auch nicht nett. Das wollte ich dir schon den ganzen Abend sagen. Es tut mir schrecklich leid. Und jetzt bin ich sehr müde, danke für das Essen und die Gesellschaft, tschüs!«

Nicht unzufrieden ging sie zu Bett. Sie hatte es vielleicht etwas vage ausgedrückt, aber auf alle Fälle ohne ihm etwas vorzuwerfen. Sie hatte die ganze Schuld auf sich genommen. Und sie war frei! Erst am nächsten Mittag, als das Telephon läutete und jemand sagte: »Entschuldige, wenn ich einen falschen Eindruck gemacht habe, aber ich war gestern ein bißchen müde, sonst hätte ich dir natürlich widersprochen, denn ich finde dich sehr nett«, wußte sie, daß sie es noch immer nicht gesagt hatte.

Post

Erst als Annette den Umschlag geöffnet hatte, sah sie, daß der Brief für ihren Mann bestimmt war. Oder zumindest, daß es nicht, wie sie wegen der maschinengeschriebenen Adresse (natürlich mit Peters Namen) angenommen hatte, Geschäftspost war, sondern ein handgeschriebener Brief. Als sie später darüber nachdachte, war sie sich übrigens nicht mehr so sicher, ob sie wirklich Geschäftspost erwartet hatte; aber die Lektüre des Briefes hatte bei ihr eben in der Zwischenzeit mehr als nur einen Hintergedanken hervorgerufen.

Der Brief war voller Korrekturen, gerade Striche, darüber Wellenlinien, die ab und zu sogar noch mit dikken Tintenbalken übermalt waren. Vom Rand her zeigten die Pfeile auf das Durchgestrichene. »Das Wichtigste stand hier, aber ich habe es lieber wieder ausgestrichen.« Es irritierte Annette, so wie alle Komplikationen sie irritierten. Die Existenz dieses Mädchens hatte sie übrigens bisher für eine eher absurde Nebensache gehalten. Belanglos, diese offensichtliche Bewunderung und eher rührend erregte Aufmerksamkeit, mit der das Mädchen, wenn sie bei ihnen zu Besuch war, Peters geduldigen Worten lauschte. »Die ist natürlich in dich verliebt«, hatte sie schon am Anfang zu ihm gesagt, aber Peter lachte sie deswegen aus, und sie selbst wußte auch nicht, was sie hätte tun sollen. Im übrigen hatte das Mädchen vor ein paar Monaten alle geliehenen Bücher zurückgegeben und sich verabschiedet. Sie war umgezogen und damit aus Annettes Gesichtskreis verschwunden.

Aber nicht aus demjenigen von Peter. Aus dem Brief wurde deutlich, daß ihm andere vorangegangen waren und daß die Korrespondenz außerdem nicht nur einseitig war. »Ich war so glücklich, als Du schriebst, daß das Gefühl, das ich für Dich habe, nicht nur schlecht ist, ja, daß Du es begreifen konntest (darüber mußte Annette grinsen) und daß Du darüber nicht böse geworden bist. Es kann nicht schlecht sein, denn der Gedanke an Dich ist das Schönste, was ich habe, und das einzig Wichtige in meinem Leben.« Danach kamen anderthalb durchgestrichene Zeilen. Der Brief schloß mit der Versicherung, daß die Verfasserin sich im klaren darüber sei, daß sie auf nichts hoffen könne und daß sie auch nichts fordere, aber trotzdem glücklich sei mit dem Gefühl, das sie für diesen Mann hege. *Mein* Mann, dachte Annette. Mein Mann, der noch dazu so ungeschickt ist, daß mir der Brief in die Hände fällt. Dieser Gedanke erfüllte sie mit Zärtlichkeit. Das Mädchen vertraute Peter. Sie hat ihn sicher gebeten, mir ihre Briefe nicht zu zeigen. Er weiß, daß ich das in Ordnung finden würde und daß ich weiß, daß er nicht in sie verliebt ist. Dummes Ding, so dick und so dumm sie ist, aber sich in Peter verlieben, das kann sie! Die Abgeklärtheit ihrer großherzigen Gedanken erfüllte Annette mit Zufriedenheit. Es war deshalb ein Schock für sie, als sie, kaum hatte sie das Schlafzimmer betreten, auf ihrem Bett in Tränen ausbrach. Tränen der Reue, oder vielleicht auch der Schuld, daß es so lange her war, daß sie für ihn das gefühlt hatte, was dieses Mädchen jetzt beschrieb.

Eifersucht

Clara legte den Hörer auf. Ihre Schwester hatte angerufen, sie wolle am Abend noch vorbeikommen, und obwohl sie sich freute, bedeutete dies, daß sie sich nun mit den vorgenommenen Arbeiten beeilen mußte. Während sie abspülte, dachte sie über das Telephongespräch nach. »Ich habe von Luise gehört, daß Jaap heute auf einen Kongreß mußte, und da dachte ich, daß ich dir Gesellschaft leisten könnte«, hatte ihre Schwester gesagt. Merkwürdig. Jaap hatte ihr gar nicht erzählt, daß er Luise getroffen hatte. Und gerade gestern erst hatte sie zu ihm gesagt, sie könne sich nicht erklären, warum sie Luise seit Wochen nicht mehr gesehen habe. Jaap wird immer vergeßlicher!

Erst beim Abtrocknen fiel ihr ein, daß Jaap erst seit gestern wußte, daß er für zwei Tage auf diesen Kongreß mußte. Ein Kollege war plötzlich ausgefallen, und er hatte darüber geklagt, daß er so ohne Vorbereitung jemanden ersetzen mußte. Aber dann hat Jaap Luise gestern gesehen, dachte Clara, seltsam. Sie hätte eigentlich nicht sagen können, warum sie eine Begegnung am Vortag merkwürdiger fand als eine mit unbestimmtem Datum, aber sie fühlte, wie diese Idee eine unangenehme Klarheit in ihrem Kopf verbreitete. Der große Detektiv hob triumphierend ein Haar vom Teppich auf, dachte sie, aber dieser Scherz brachte keine Erleichterung mehr, denn der Teil von ihr, der mit schlafwandlerischer Sicherheit weiter dachte, ließ sich nicht mehr ablenken. Wenn Jaap absichtlich nicht darüber geredet hat, dann gibt es keinen Grund anzunehmen, daß er sie zufällig getroffen hat, dachte sie, er könnte sich gut mit ihr verabredet haben.

Wo war er eigentlich gestern? Sie begann, den Vortag systematisch von früh bis spät zu überdenken: Er war zur Arbeit gegangen, zum Mittagessen nach Hause gekommen, wieder weggegangen und zum Abendbrot – ja, aber doch etwas später als sonst, wegen einer Besprechung hatte er gesagt – heimgekommen. Ich bin doch verrückt, dachte Clara, die große Detektivin ist mit Wahnsinn geschlagen. Übrigens, wie will ich eigentlich wissen, daß Jaap wirklich erst gestern erfahren hat, daß er auf diesen Kongreß mußte? Aber das freundliche Gesicht dieser Eingebung erwies sich als Maske desselben Teufels. – Sie beschloß, die Gedanken aus ihrem Kopf zu bannen und einen Brief zu schreiben. Mit dem Brief kam sie nicht voran. Sie hatte das Gefühl, nichts berichten zu können, das für Tante Tien interessant gewesen wäre. Darauf wählte sie die Nummer von Luise. »Hallo«, sagte sie, »wie geht's dir eigentlich, ich hab' dich schon seit Wochen nicht mehr gesehen.« »Ach«, sagte Luise, »ich wollte euch eigentlich heute abend besuchen, aber es ist etwas dazwischen gekommen, soll ich morgen vorbeikommen?« »Jaap ist nicht hier«, sagte Clara, »er mußte für zwei Tage zu einem Kongreß. Du kannst gern morgen kommen, wenn du Lust hast, ich bin allein.« Sie wußte selbst nicht, warum sie nicht gesagt hatte, daß sie wußte, daß Luise wußte. Aber das Telephongespräch hatte sie auf einen Schlag fröhlich gestimmt. Wie auch immer, mit Jaap verreist ist sie nicht! Sie konnte den Brief an Tante Tien ruhig beenden. »Jaap ist heute abend in Luxemburg«, schrieb sie und stand auf. Sie nahm ihren Mantel. »Jaap ist in Luxemburg und Luise wußte es nicht«, sagte sie zu sich selbst, »aber An wußte es genau, denn die hat es ja von Luise erfahren. Ich habe doch nichts Besseres zu tun, ich kann schnell bei Luise vorbeigehen, sie ist ja zu Hause.«

Zwei Straßen lang hielt sie durch, aber dann – ob es nun ihr mutigeres oder ihr ängstlicheres Ich war, das Oberhand gewann – drehte sie sich um und lief nach Hause zurück. Als ihre Schwester kurz darauf erschien, hatte sie rote Augen. Das kommt vom Wind, sagte Clara.

Die Zweite

Als Jan zum zweiten Mal heiratete, schüttelten seine Freunde den Kopf über seine Wahl. »Diese Jo ist genau wie Toos«, sagten sie zueinander, »es ist unbegreiflich, warum er das tut.« Als einer von ihnen aber eines Tages zu Jan sagte: »Du, findest du nicht, daß Jo etwas von Toos hat?«, mußte Jan lachen. »Wie kommst du nur darauf?« fragte er. »Die eine ist das genaue Gegenteil der anderen. Was mich bei Jo anzieht, ist, daß sie so unternehmungslustig ist, so unbekümmert. Ich habe noch niemanden gesehen, dem Besitz so gleichgültig ist wie ihr. Wenn jemandem bei ihr im Hause etwas gefällt, schenkt sie es ihm sofort. Auch an Geld liegt ihr nichts. Sie gibt es aus, wenn sie welches hat, und sie macht sich keine Sorgen, wenn sie keins hat. Und sie ist so vital, sie schreckt vor nichts zurück. Toos ist ganz anders, das weißt du doch. Es ist vielleicht nicht ihre Schuld, aber ich fühlte mich bei ihr in einer Zwangsjacke von Ordnung und Obhut. Es mag sein, daß sie äußerlich eine gewisse Ähnlichkeit haben, aber ihr größter Unterschied ist doch wohl, daß Toos mir das Leben unmöglich machte mit ihrer grundlosen Eifersucht, während Jo nicht einmal weiß, was das Wort bedeutet!«

Die Freunde enthielten sich jeden Kommentars. Parteinahme war auch deshalb nicht nötig, weil sich Toos über ihr Los nicht beklagte. Sie machte den Eindruck, als ob sie sich nach einer kürzeren Eingewöhnungszeit in ihr neues Jungesellinnendasein geschickt hätte.

Regelmäßig kamen die Freunde zu Jan und Jo. Ihr Haus war anders eingerichtet als Jans erstes, aber es rief doch in manchem die Erinnerung an die ersten Ehejahre ihres Freundes wach. Es war ein fröhlicher Kreis. »Liebe Jo, könntest du den Stapel Unterhosen, oder was das hier ist, vielleicht vom Tisch nehmen, wenn wir Besuch haben?« fragte Jan dann ganz verliebt, und Jo lachte und legte den Stapel auf das Radio. Er hält sich gut, gaben die Freunde zu. Aber allmählich begann Jan, erst zögernd, dann nachdrücklicher, Jo zu bitten, nicht in alle seine Bücher Eselsohren zu machen, die Katze nicht aus seinem Teller fressen zu lassen und den Wein doch nicht in diesen Senfgläsern zu servieren. »Wir haben keine anderen Gläser mehr«, verteidigte sich Jo. »Ich habe dir nicht erzählt, daß Truus von nebenan unsere Gläser so schön fand?« Jan konnte vor Wut das Gespräch nicht fortsetzen, und nach dem Essen verabschiedeten sich die Freunde bald. »Ach, komm wir gehen mit«, schlug Jo vor, aber Jan sagte, daß er gern einmal einen Abend ruhig zu Hause bleiben wolle, und als Jo rief: »Wir sind schon seit Wochen jeden Abend zu Hause, und früher gefiel es dir doch gerade, wenn wir einfach so ausgingen«, verdrückten sich die Freunde schleunigst.

Aber mit der Zeit änderte sich auch das. Es dauerte kein Jahr und der neue Haushalt lief wie geschmiert. Das Essen war sicher weniger ausgefallen und ohne Knoblauch, aber zumindest zur Zeit auf dem Tisch. Jo sagte ab und zu, daß sie sparen müßten, und das Tischgespräch drehte sich oft um Lebensmittel- oder Kleiderpreise. Gegen zehn begann Jan meistens mahnend zu gähnen, und das war für Jo das Zeichen, die Aschenbecher wegzuräumen und den Tisch für das Frühstück am kommenden Morgen zu decken.

Das zweite Jahr war noch nicht um, als Jo abends anzurufen begann und fragte: »Ist Jan vielleicht bei euch?« Aber die Freunde hatten ihn nicht gesehen. »Er kommt sicher bald nach Hause«, trösteten sie und riefen Toos an. »Ja«, sagte sie, »er ist gerade gegangen. Er besucht mich in letzter Zeit öfters. Nur so, wir reden wie alte Freunde miteinander, weißt du? Was sagst du? Ob ich ihn zurückhaben möchte? Wie kommst du darauf? Das Leben mit Jan war eigentlich eine Zwangsjacke von Ordnung und spießiger Obhut, das habe ich erst hinterher bemerkt. Diese Bemerkungen über den Haushalt und über meine Ausgaben. Nein, weißt du, ich habe zum Glück meine alte Sorglosigkeit wieder, und eifersüchtig muß ich auch nicht mehr sein.«

Nach einigen Monaten stellte Jan stolz und glücklich seinen Freunden Roos vor. Außer daß diese aus reiner Sorglosigkeit sich nicht einmal mehr die Haare zu kämmen schien, glich sie wie ein Ei dem andern... Haargenau.

Liebe in der Literatur

Ich habe in den letzten Monaten einige Romane wiedergelesen, die mich, als ich sie vor Jahren zum ersten Mal las, sehr ergriffen haben: *Night and Day* von Virginia Woolf, *Howards End* von E.M. Forster und *Wuthering Heights* von Emily Brontë. Alle drei haben für mich kaum etwas von ihrer Bedeutung eingebüßt, auch wenn ihre Grenzen mir etwas deutlicher geworden sind als damals.

Umgekehrt machte mir diese Lektüre auch die Grenzen der gegenwärtigen Literatur deutlich. Einer der auffallendsten, aber auch bekanntesten Unterschiede zwischen den Büchern von früher und den heutigen ist die Charakterschilderung. Man könnte summarisch sagen, daß die frühere eher das Äußere, die heutige mehr das Innere darstellt. Beide Lösungen führen zu spezifischen Beschränkungen, die man wiederum zusammenfassen könnte in der Überlegung, daß man sich selbst nie von außen sieht, andere Menschen aber ausschließlich.

Was mir jedoch am meisten auffiel, war der Unterschied in den jeweils angestellten Vermutungen über die Liebe. Ich glaube, daß man in stärkerem Maße als heute der Überzeugung war, daß Liebe, die wahre, die »true love«, nur einmal im Leben vorkommt und danach, wenn man diese Chance verpaßt, nie wieder. Man vergleiche einmal die obengenannten Schriftsteller mit modernen wie Mary McCarthy und Norman Mailer, genauer gesagt mit ihren autobiographischen Büchern *The Company she keeps* und *Advertisements for Myself*. Für deren Helden besteht das Liebesleben aus einer Folge von Affären und Verhältnissen. Allerdings gehen die immer wieder schief, oder wenigstens zu Ende, weil die Beteiligten noch zu unerfahren waren oder zu neurotisch, oder weil der eine Partner nicht genügte, der zweite weglief und der dritte sich abnutzte - aber es ist nie ein unersetzlicher Verlust. Die Qualität der Liebe hat mit dem Reifegrad oder mit der Hemmungslosigkeit, die man erreicht hat, zu tun, und die Hoffnung bleibt, daß dies alles zunimmt; oder aber es kommt die Vermutung auf, daß alles noch viel schrecklicher werden wird: Es wird jedoch nicht unterstellt, daß es mit der Liebe endgültig aus sei. Das ist sehr realistisch, aber damit ist noch nicht gesagt, daß die frühere Auffassung weltfremd war. Der Unterschied liegt nicht nur in der literarischen oder emotionalen Auffassung, er spiegelt vielmehr eine veränderte Sozialstruktur wider. Eine Ökonomie der Knappheit, in der man sparsam alles zusammenhalten mußte, was man besaß, wurde abgelöst durch eine des Überflusses, bei der der Akzent auf den Ersatz und die Verbesserungsmöglichkeit gelegt wurde. Das Jungfernhäutchen hat seinen hohen Marktwert verloren, und die Ehe erfuhr eine Umstellung: an die Stelle der Monogamie trat die Sukzession.

Stärker gesellschaftsbedingt ist der Unterschied bei der Beschreibung der Erscheinungsformen der Liebe von einst und jetzt. Man sagt oft, daß in den älteren Romanen Sex nur in verschleierter Form vorkomme und daß körperliche Begegnungen nie geschildert werden. Die Liebe wird als heftige emotionale Begegnung, als Zustand beschrieben, eine Gemütsverfassung, der jede Sinnlichkeit - außer der durch die Augen vermittelten - fremd ist.

Die Verliebtheit kommt immer vor dem Bett, das auf die Hochzeit folgt und keine Hauptrolle spielt. In der neuen Literatur sieht man die Kehrseite.

Es gibt eigentlich keinen Unterschied mehr zwischen amour-passion, der leidenschaftlichen Liebe, und amour-goût, der galanten Liebe: Die Probe auf die Liebe erfolgt im Bett. Alle vorhergehenden Gefühlsregungen waren abwartend und unverbindlich. Bei Mailer gestehen die Paare einander die Liebe, indem sie beteuern, daß sie noch nie im Leben einen besseren Partner im Bett hatten. Diese Betrachtungsweise wird oft wegen ihrer Ehrlichkeit gepriesen. Aber man könnte auch sagen, daß die Phase intensiver Verliebtheit vor dem körperlichen Kontakt, die es immerhin geben kann, in der zeitgenössischen Literatur verdrängt wird - genauso wie die Sexualität früher.

Vielleicht kommt dies daher, daß die alte Moralauffassung und das romantische Lebensbild von früher bei uns immer noch nachwirken: Man möchte das Einmalige in der Liebe erhalten. Man schämt sich heutzutage nicht mehr seiner Lüste und der wechselnden Bettgenossen, sondern der eventuell damit verbundenen, zu intensiven Gefühle, Illusionen oder Glücksvisionen. Denn immer noch ist nicht alles erlaubt. Und Madame de Staël, die so viele Liebhaber hatte und jeden mit einer einmaligen Leidenschaft liebte, war in den Augen der vorigen Generation wegen ihrer Liebhaber unmoralisch, während sie in unserer Zeit eher wegen ihrer Leidenschaften verdächtig ist.

Some untidy spot

Als Margreet die Treppe des großen Gebäudes herunterkam, warf sie schnell, wie gewöhnlich, einen Blick in die Runde, um festzustellen, ob Harry nicht doch vielleicht unter einem Baum auf sie wartete. Es wäre immerhin möglich, sagte sie entschuldigend zu dem Teil von sich, der dies hohnlachend bemerkt hatte. All die Jahre stand er immer da, wenn sie nach einer Reise aus dem Bahnhofsgebäude trat oder nach einer Operation aus dem Krankenhaus entlassen wurde. Oder er stand vor der Universität, wenn sie eine Zwischenprüfung gemacht hatte. Sie waren daran gewöhnt, besondere Ereignisse zusammen zu erleben.

Es war alles sehr schnell gegangen. Eine Routineangelegenheit. Das hatte sie auch nicht anders erwartet. Sie mußte zwei Schriftstücke in dieser unverständlichen Sprache abgeben, die erforderlich zu sein scheint, wenn man alle Mißverständnisse ausschließen will. Das eine, mit der Eingabe, hatte sie selbst unterschrieben, das andere, mit dem abgelehnten Versöhnungsversuch, trug Harrys kugelschreiberblauen Namenszug, mit dem fröhlichen, aufwärtsgerichteten Schlenker. Das Gesetz ging offenbar davon aus, daß man einander hassen mußte, um eine Ehe aufzulösen. Na ja, jedermann wußte schließlich, daß das Unsinn war. Zu Hause würde sie Harry anrufen können, um mit ihm zusammen darüber zu lachen.

In der Auslage einer Konditorei schaute sie sich das Gebäck an. Als sie an der Reihe war, wußte sie nicht mehr, warum sie Mohrenköpfe kaufen wollte. Sie fragte, ob sie telephonieren dürfe. Nachdem sie es fünfmal hatte läuten lassen, legte sie den Hörer wieder auf. »Niemand zu Hause«, sagte sie und verließ den Laden, ehe die Verkäuferin ihr die 20 Pfennige zurückgeben konnte.

Die Heiratsurkunde hatte sie auch abgegeben. Ihr Rechtsanwalt hatte sie in der Gerichtscafeteria in seine Mappe gesteckt. Dort saßen lauter Männer mit schwarzen Flattergewändern und weißen Beffchen. Die meisten waren übrigens gar nicht weiß. Es war überhaupt eklig dort: Kaffeeränder auf den Tischen, ein dauerndes Stuhlrücken von Leuten, die hastig kamen und gingen und in Windeseile etwas beredeten. Da war doch Heiraten ganz anders. Das geschah mit Sorgfalt und Aufmerksamkeit, umgeben von Freunden und Familie. Eine Scheidung – schließlich auch ein gesellschaftliches Ereignis – wird in einem Eckchen der menschlichen Gesellschaft hingepfuscht, alles wird hingeschmissen, wie alte Schuhe.

Ihr Bett war noch nicht gemacht, die Zeitung von gestern lag auf dem Boden herum, und der Ofen war ausgegangen. Margreet räumte auf und hoffte auf einen Anruf, aber als es läutete, war jemand dran, der Marktforschung für die *Encyclopaedia Britannica* machte. Später, als sie beim Ofen saß, dachte Margreet, man sollte Blumen geschickt kriegen, wie bei einer Geburt. Eine Erinnerung stieg in ihr auf: Vor Jahren wollte sie im Ausland eine junge Mutter besuchen, verlief sich aber in diesem fremden Krankenhaus. Als sie am Ende eines menschenleeren Ganges schließlich eine Türe aufmachte, kam sie in einen großen Saal mit hellen Fenstern. In einer Ecke standen drei Männer über einen Tisch gebeugt. Sie trugen einen Mundschutz und schmutzige Overalls. Auf dem Tisch lag ein Mann mit dunklem Brustkasten, genau wie bei Rembrandt. In einer anderen Ecke war jemand auf einer Leiter mit irgendeiner Reparatur beschäftigt. Es brannten keine Lampen, es gab keine Schwestern, keine silberglänzenden Instrumente auf makellos weißen Tabletts, kein Drama.

In panischer Angst war sie wieder auf den Flur hinausgestürzt. In der Eingangshalle hatte sie einen Mann in weißem Mantel gefragt, was die dort im Saal am Ende des Ganges täten. »O, das ist eine Obduktion«, hatte der Arzt gesagt. »Gestern hatte jemand einen Arbeitsunfall. Die Polizei verlangt ein post mortem.« Der Tote war ein Neger. Sein Körper hatte die Farbe von alten Schuhen.

Unbehaglicher Gedanke

Betsie und Wim waren acht Jahre miteinander verheiratet, und wenn jemand sie gefragt hätte, warum sie diesen Zustand bis zu ihrem Lebensende fortsetzen wollten, wäre ihnen keine Antwort eingefallen. Aber keiner stellte diese Frage, denn obschon nichts so bleibt, wie es ist, meinen die Menschen, daß Weitermachen wie bisher die natürlichste Sache der Welt sei, und blicken bei Veränderungen verwundert oder entrüstet auf. Das ist natürlich nicht total verrückt. Auch Hunde sehen das so, und Dinosaurier waren all dem überhaupt nicht gewachsen. Es ist also höchstens ein wenig verrückt.

Das achtjährige Ehepaar stellte sich jedoch diese Frage wohl, und weil die Familie nicht mehr Mitglieder umfaßte als sie beide, mußten sie die naheliegendste Antwort schuldig bleiben. Nicht, daß sie einander nicht mochten, im Gegenteil, nur hatten beide begriffen, daß das Leben kurz ist und daß für die Aufrechterhaltung der wechselseitigen Sympathie eigentlich auch keine richtige Ehe nötig ist. Außerdem, sagte Betsie, ist eine so lange Ehe schlecht für den Charakter. Wir haben uns daran gewöhnt, daß ich hilflos und launisch bin und du ausgeglichen und praktisch. Dieser Zustand macht mich infantil und dich zum Großvater. Wenn wir mit anderen Partnern verheiratet wären, könnte es genau umgekehrt sein. Vielleicht wäre ich dann durchaus in der Lage, Steuerformulare auszufüllen und den Mülleimer nach unten zu tragen. Das muß sich erst noch zeigen, sagte Wim; ich will nicht abstreiten, daß ich mich charakterlich verbessern könnte. Wie das gehen soll, ist eine zweite Frage, aber andere Mädchen, ja, das fände ich nett.

Nachdem sie mit derartigen Gesprächen viel Zeit vertan hatten und wahrscheinlich auch – denn so leicht gibt man seine alten Gewohnheiten nicht auf – einige Tränen geflossen waren, beschlossen sie, dem bestehenden Zustand ein Ende zu bereiten. Sie wollten auseinander gehen.

Betsie wollte in Maastricht wohnen, wo man ihr einen Job angeboten hatte. Lakonisch teilte Wim seinen besten Freunden mit, daß Betsie und er die Absicht hätten, sich scheiden zu lassen. Der erste erblaßte und sagte, jeden anderen als Wim hätte er einen Schuft genannt. Der zweite beendigte die Diskussion mit dem Rat, einen Psychiater aufzusuchen. Als Betsie ihre Freundinnen vom Scheidungsplan unterrichtete, brach eine in Tränen aus und eine andere nannte den Namen eines begabten Seelenarztes. Niedergeschlagen vom Schreck, den sie ihren Freunden eingejagt hatten, saß das Ehepaar abends beim Essen. Wir tun etwas Schreckliches, sagte Betsie. Man darf sich gar nicht scheiden lassen, bestätigte Wim. Und jetzt haben wir uns gerade so darauf gefreut, meinten sie beide. Ein halbes Jahr lang wagten sie nicht mehr, davon zu reden, aber dann konnte sie auch der Schmerz ihrer Freunde nicht mehr zurückhalten. »Betsie geht nächste Woche nach Maastricht«, sagte Wim zu einem Freund mit dem Tonfall von jemandem, der vor keinem fait accompli zurückschreckt. Der Freund erkundigte sich zuvorkommend nach ihrem dortigen Job, fand es prima, und wollte wissen, ob Wim mitgehen werde. »Ach nein«, sagte Wim, »ich bleibe einfach hier.« Der Abend verlief fröhlich, und als der Besuch gegangen war, sahen sich Betsie und Wim verwundert und erleichtert an. Am Tag darauf informierten sie auch ihre anderen Freunde über Betsies neuen Wohnort. Die reagierten alle mit Anteilnahme und Herzlichkeit, keiner verweigerte dem Paar seine Zustimmung. Etwas verdattert kapierte unser Ehepaar, daß es diesmal die zeitgemäßen Worte gefunden hatte.

Monogamie

Eine Sache, die den Umgang mit Männern so schwierig gestaltet, ist, daß Männer immer sofort heiraten wollen. Wenn sie noch nicht verheiratet sind, natürlich, und wenn sie verliebt sind. Ach woher, höre ich einen Leser ausrufen, jedermann weiß doch, daß es die Frauen sind, die die Männer in die Ehe locken. Denn diese Meinung hört man häufig. Aber darum geht es mir gar nicht. Es kann ja sein, daß sich gewisse Menschen gegen ihren Willen einfangen lassen, aber die meisten tun das nicht, und der Rest behauptet es nur. Ich meine, die selbstverständliche Inbeschlagnahme von jemandem – sobald gegenseitige Zuneigung festgestellt wurde –, das ist doch eine hauptsächlich männliche Eigenschaft. Ein Mann, der eine Frau, wie man so sagt, »erobert« hat, es steckt schon im Wort, findet es selbstverständlich, daß er, wenn er Lust hat, bei ihr schlafen und bleiben und auch das nächste Treffen bestimmen kann. Was hat das mit Heiraten zu tun, fragen Sie vielleicht. Gut, das ist eine Frage der Wortwahl. Aber wie soll man das sonst nennen, das Gefühl von jemandem, der einfach glaubt, seinen Rasierapparat dalassen zu können? Wenn auch ein Mann, der verliebt ist, nicht sofort heiraten will, so verlangt er von einer Frau dennoch, daß sie sich verhält, als ob sie schon mit ihm verheiratet wäre.

Benimmt sich nicht jeder so? Es ist was dran, kann man sagen. Der gerade für solche Gelegenheiten immer nützliche Marsbewohner würde es schon seltsam finden, dieses merkwürdige Menschenbedürfnis, sich aus allen Menschen einen einzigen herauszufischen, um ihn zu lieben und dann auch Tag und Nacht herumzukommandieren und zu verwöhnen. Aber gut, so ist es nun einmal, es steckt in uns. In den Frauen auch. Aber sie sind so erzogen, daß sie den Alleinanspruch auf einen Mann, solange sie noch nicht mit ihm verheiratet sind, nicht so selbstverständlich erheben.

Sicherlich würden alle Frauen gern einen Mann für sich alleine haben, aber sie fügen sich in ihr Schicksal, daß sie vorläufig noch nichts zu wollen haben. Auch wenn sie bis über beide Ohren verliebt sind – sie haben zu warten. Bis *er* sich wieder mit ihr verabredet, wobei sie die Gelegenheit wahrnimmt, nebenbei zu fragen, wer denn eigentlich die Frau im Ledermantel gewesen sei, mit der man ihn letzte Woche in der Leidsestraat gesehen habe. »Oh, das war Lisa, weißt du, eine alte Freundin von mir. Sie hat manchmal Probleme, und die will sie dann gerne mit mir besprechen.« Was soll sie darauf antworten? Und wenn sie ihn fragt, ob er Lust hätte, diese Woche ins Kino zu gehen, und er in vorwurfsvollem Ton erwidert: »Das weißt du doch, daß das keine Frage von Lust haben ist, ich muß schließlich auch arbeiten!«, dann gibt sie sich damit zufrieden. Denn die Arbeit und die Freiheit des Mannes, die müssen wir, das wissen wir, respektieren.

Versuchen Sie sich einmal den umgekehrten Fall vorzustellen. Karel ist in Mies verliebt und sie eigentlich auch in ihn, obwohl es für sie etwas überraschend kam. Er ruft sie an: »Wollen wir heute abend in der Stadt essen?« Sie: »Aber mein Lieber, ich sagte dir doch, daß ich heute abend nicht kann. Ich muß meiner Schwester einen Brief schreiben, sie hat übermorgen Geburtstag, und ich wollte auch einmal gründlich aufräumen, denn ich bin so lange nicht dazu gekommen.« Er: »Das kannst du doch auch noch morgen machen, die Post braucht nicht mehr als einen Tag.« Sie: »Nein, morgen geht's nicht, da kommt Leo zu Besuch, das haben wir schon lange abgemacht. Ich hab dir's doch gestern erzählt!« Er: »Kannst du diesem

Langweiler nicht absagen? Ich verstehe wirklich nicht, daß du den immer noch einlädst. Was findest du eigentlich an ihm?« Sie: »Du, ich kenne ihn doch schon seit mindestens zehn Jahren, und schon seit längerem habe ich keine Zeit mehr für ihn gehabt. Er ist gerade zurück aus den Ferien, und da scheint etwas schief gelaufen zu sein. Muß ich nun so tun, als ob ich ihn nicht mehr kennen will?« Er: »Es müßte ja nicht ausgerechnet am Abend sein, der Junge denkt ja, daß du Absichten hast!« Sie: »Wann soll ich ihn denn sonst einladen, am Tag arbeite ich schließlich.« Er: »Na gut, wenn du den lieber hast als mich ...« Sie: »Also, Karel, jetzt spiel nicht verrückt! Wollen wir am Sonntag etwas zusammen unternehmen?« Er: »Wie, du hast am Sonntag Zeit für mich...?« (große Ironie, etc., etc., etc.). Und weil solche Situationen nun einmal die Tendenz zur Verschlechterung haben, müssen wir schließlich mit diesem Karel, den wir nicht genug lieben, um alle alten Loyalitäten über Bord zu werfen, Schluß machen, auch wenn wir immerhin doch so stark in ihn verliebt sind, daß wir diesen abrupten Bruch bedauern. Die Männer haben die Wahl, die Frauen das Nachsehen, so ist es. Man nennt das, indem man aus der Not eine Tugend macht, die monogame Natur der Frau. Aber wo blieben die sogenannte natürliche Monogamie der Frau und die schon ebenso natürliche Polygamie des Mannes, wenn Männer ebenso tolerant wären, wie Frauen sein müssen, und Frauen ebenso herrschsüchtig, wie Männer sein dürfen? Ich bin gespannt.

Aufklärung

»Das ist vielleicht etwas für deine Kolumne!« sagte das Mädchen, das die neu eingegangenen Rezensionsexemplare verteilte, in leicht ironischem Ton. Und so kam es auf meinen Tisch. Übrigens ein gediegenes rosarotes Büchlein, eine grüne Urne mit weißen Blumen auf dem Umschlag. »Der Weg zur Liebe« stand in einer hübschen, schlanken Type darauf. Ein wohlschmeckendes Häppchen Information in einer, weiß Gott, schwierigen Angelegenheit. Vom selben Autor war bereits *Begegnung der Geschlechter* erschienen, wie ich dem Klappentext entnehmen konnte. Offensichtlich ist das jemand, der sich die Sache genauestens überlegt hat. Ich schlage das verlokkende Sexbüchlein auf und lese: »Häufig versandet die Beziehung der Geschlechter in Leere und Langeweile. Diese Situation kann - öfter als man denkt - durch einen Nachreifungsprozeß verbessert, wenn nicht überhaupt ganz vermieden werden.« Ich schließe das Büchlein mit Nachdruck. Es stimmt mich traurig. Die Anwendung von Nachreifungsprozessen ist in Wirklichkeit wohl sehr viel schwieriger als in dieser Theorie. Die Menschen sind oft unglücklich, ein Prozeß des Glücklich-werdens würde die Situation meistens verbessern! Er soll uns das mal vormachen.

Aber nein, Eustace Chesser: »Es geschieht nicht selten, daß eine Braut in der Hochzeitsnacht schreiend aus dem Schlafzimmer flieht, wenn sich der Bräutigam in seiner gierigen Lust zu schnell entblößt hat.« Das ist zumindest konkret. Seine *Liebe ohne Furcht*, der Spock der zukünftigen Spockkunden, ist übrigens eine spannende Lektüre. Was einem doch alles geschehen kann und was man alles tun kann – wahnsinnig! Es gibt Menschen, die dabei auf dem Kopf stehen! »Für Schwergewichtige nicht zu empfehlen« – alles steht da drin. Doch auch dieses Büchlein macht mich etwas mutlos. Mit diesen Sextechnikbüchern ist es wie mit Kochbüchern, man liest begeistert darin, aber man fällt nach dem einen Mal Tintenfisch mit Knoblauch von selbst wieder in die tägliche Butterbrot-Routine zurück. Die Hausfrau kann kaum mit dem vollendeten Festmahl auf der Farbabbildung konkurrieren, oft bekommt man die Zutaten nicht, und die häusliche Atmosphäre ist überhaupt ganz anders als bei den Kochbuchfamilien. Das ist zwar schade, aber wir sind durch diese Unzulänglichkeit – wenn wir sie einmal festgestellt haben – nicht lange geknickt. Dann essen wir eben Brechbohnen, wie Oma, die lebt auch noch. Ganz anders ist es mit den Sexbüchern. Da lesen wir dann, daß Oma vielleicht noch lebt, aber glücklich war sie nicht. Und wir auch nicht, aber wenn wir uns beeilen, können wir es noch werden. Bloß keine faulen Ausreden. Man lernt ohne Zweifel viel aus diesen Büchern, aber wie soll man es anwenden? »Wie kommst du denn auf diese Idee, Marie?« »Ich habe es aus diesem Buch!« Etwas klinisch für einen erotischen Dialog, nicht wahr? Aber der Gedanke, daß Piet und Marie sich gemeinsam intensiv mit sexueller Aufklärung beschäftigen und einander auf Fehler und Pflichten hinweisen, scheint mir eine Hauptursache für die Frigidität zu sein, über die in diesem Buch so geklagt wird. Vielleicht müßten sie alles schon in der Schule lernen, wie schwimmen, damit sie später, wenn sie es zu ihrem Vergnügen tun, nicht mehr an die Regeln zu denken brauchen. Es kommt noch hinzu, daß das Leben nicht so eingerichtet ist, daß es jedem Piet seine Marie zur richtigen Zeit schenkt, so daß das propagierte Glück oft genau so unerreichbar ist wie das tiefblaue Meer im Schaufenster der Reisebüros für den kleinen Geldbeutel der 5-Tage-

Ardennen-Touristen. Daß sich Mann und Frau im richtigen Moment finden, das ist und bleibt die Kunst, und die muß immer noch dem Spiel des Zufalls überlassen werden.

Das Allerdeprimierendste an den Sexbüchern ist nicht der Kochbuchstil (man bestreue die eine Seite der armen Ritter mit Zucker), sondern ihr drohender Unterton. Rührend ist dabei nur Van de Velde, der zwischen seine trokkenen Kapitel - wie etwa »Der Inhalt der Bauchhöhle sinkt infolge der Schwerkraft in den Teil der erwähnten Öffnung, der dann der zutiefst gelegene ist« - Aphorismen von Goethe und Ovid streut. Er ist wenigstens ein richtiger Enthusiast. Die Bösewichte, das sind die Erzieher, die uns Kniffe beibringen und dann doch wollen, daß alles ehrlich gemeint sei. Ich habe nichts dagegen, daß Menschen, die miteinander ins Bett gehen, sich lieben; das kann man nur bejahen. Aber ich finde, daß man der Phantasie der Leser auch noch etwas überlassen sollte. Daß Piet und Marie ihre technischen Varianten dem Buch entnehmen, ist nicht so schlimm, aber daß sie durch dasselbe Büchlein auf die Idee kommen müssen, einander lieb zu haben, das bedrückt mich. Man sollte wirklich nicht alles regeln wollen. Ein guter Tip ist immer willkommen, aber das Glück zu verpflichten, das geht zu weit. Und so ein Autor, der einem weismacht, daß man nicht glücklich werden kann, ohne seine Ratschläge zu befolgen, daß man aber diese Ratschläge nur befolgen kann, wenn man schon glücklich ist, so ein Mann kann das Glück in der Welt auch nicht vervollkommnen.

Aus!

Die aufreibendsten und zählebigsten Verhältnisse sind diejenigen zwischen Menschen, die es nicht mit und nicht ohne einander aushalten können. Das, was sie verbindet, ist offenbar unauflöslich verknüpft mit dem, was sie auseinandertreibt, so daß sich ihr Zusammenleben nur in den kurzen Perioden zwischen zwei Trennungen abspielt. Die Trennung selbst ist meist verbunden mit Türen-Zuschlagen, wobei der abziehende Teil entweder vorgibt, nicht gehört zu haben, daß man ihn bat, wieder heraufzukommen, oder das Schimpfwort, das ihm von oben nachgeschleudert wird, von der Haustüre aus mit einem noch gröberen kontert. Der zurückgebliebene Teil atmet darauf tief durch, um Erleichterung anzudeuten, schlendert scheinbar gedankenlos zum Fenster, um es zu öffnen. Doch der andere ist bereits außer Sichtweite. Es regnet. Ein Mann schiebt ein Fahrrad über die Brücke. Wieso hat er ein Rad? Ach, er ist es ja gar nicht. Die weitere Entwicklung hängt nun völlig vom Zeitplan ab, und da werden die allergrößten Fehler gemacht. Nehmen wir einmal an, daß sich der weggegangene Teil, im Folgenden w.T. genannt, wirklich schlecht betragen hat, aber daß die Schuld an seinem Weggang beim daheimgebliebenen Teil (d.T.) liegt, auf dessen Anregung (Kommando, gutgezielte, dicke Bücher) er das Haus verlassen hat. Obwohl ihm also die Initiative in der ersten Instanz genommen worden ist, geht sie vom Moment seines Verschwindens auf w.T. über: Er ist dran. Was soll der d.T. (bis vor kurzem noch der vertreibende Teil) nun tun? Wenn er nicht seinerseits weggeht (aber wen sollte das beeindrucken?), kann er nur warten bei Radio, Zeitung oder Abwasch und dem uninteressierten Mobiliar seine äußerste Gleichgültigkeit und/oder Munterkeit kundtun. Nun ja, er kann seinen Kopf gerade noch rechtzeitig zurückziehen - er hat rein zufällig zum Fenster rausgeschaut -, als er den w.T. sich nähern sieht. Aber jetzt der Zeitplan! Der w. T. (jetzt in zurückkommender Teil verändert) kann durch Regen oder guten Willen getrieben bereits eine halbe Stunde später wieder die Treppe heraufkommen. Dadurch löst sich möglicherweise alles in Minne auf, aber wenn mehr von Regen als von gutem Willen die Rede ist, dann kommt es in der Regel zu einem erneuten Abzug, noch ehe das Teewasser richtig kocht. Er kann seine Abwesenheit auf vier Stunden ausdehnen, wenn er genug Geld für Kino oder einen Kaffee in der Tasche hat. Damit bietet er allerdings dem d.T. die Gelegenheit, seine Genugtuung über die Rückkehr hinter dem gerechtfertigten Vorwurf über verschleudertes Geld oder quälende Angst zu verstecken. Eine Rückkehr auf diese Art bietet wenig Vorteile. Aber durch Schaden wird man klug: Nach häufigem Hin und Her erreicht das Verhältnis von Kommen und Gehen schließlich seine Topform. Ja, es gelangt sogar an den Punkt, an dem es »aus« ist. Nehmen wir an, daß es der d.T. ist, der erklärt, daß es nun für ewig und darüber hinaus »aus« sei. (Das ist überhaupt nicht wichtig, da ja das Kennzeichen dieses K.- und G.-Verhältnisses gerade in dieser Uneindeutigkeit liegt, wer wen los sein will.) Mir ist übrigens ein Fall zu Ohren gekommen, bei dem der Teil, der die Initiative ergriffen hatte, einen Brief mit folgender Mitteilung empfing: »Da Sie so gemein sind, die Beziehung zu mir abzubrechen, breche ich hiermit auch die Beziehung zu Ihnen ab!« Es hängt vom Grad der Wut und von der Dringlichkeit anderer Tätigkeiten ab, wie lange es einem gelingt, den Zorn über den Abwesenden aufrechtzuerhalten und jeden Kontakt zu vermeiden. In einer solchen Phase würde man mit Wonne das Flugzeug, das das Schriftband AUS im Sommer durch unseren blauen Himmel zieht, über seinem Haus kreisen lassen, man weiß nur nicht, wie man das bewerkstelligen soll. Früher oder später kommt die Reue, die sich bis dahin erfolgreich hinter der Wut versteckt hat. Was tun? Durchhalten? Ja, natürlich, durchhalten. War nicht dies Verhältnis von Anfang an dazu bestimmt, in die Brüche zu gehen? Dies ist es aber gerade, was eines schönen Tages in einem anderen Licht gesehen wird. Ja, war es denn bei diesem Verhältnis nicht auch von Anfang an drin, daß es wieder in Ordnung kommen kann? Mehr braucht man ja nicht. Wer von den beiden zuerst auf diese Idee kommt, rennt, wo immer er auch sei, an Land, auf See oder in der Luft, zum nächsten Postamt und telegraphiert: »Sorry, ich liebe Dich noch!«

Über die Liebe

You can have him fand ich eine Zeitlang das allerschönste Liebeslied, das je gesungen worden war. Es gibt davon eine Platte *Simone at Town Hall*, und Nina singt es. Es handelt von einer Frau, die zu ihrer Rivalin sagt: »You can have him.« Männer wie ihn gibt es genügend, wenn du Lust auf ihn hast, kann ich ihn dir schenken - so etwa argumentiert sie. Dann kam das Stück, bei dem ich immer weinen mußte: »The only thing I ever wanted to do, was run my fingers through his curly locks, down his underwear and into his socks.« Man muß hören, wie sie das singt - so wundervolle Verse, so lyrisch, so absurd und so, wie es wirklich manchmal ist und doch so selten von Frauen über Männer gesagt wird. Das alles empfand ich, bis ich die Platte eines schönen Tages wieder einmal auflegte und dann hörte, was sie *wirklich* sang: »Run my fingers through his curly locks, mend his underwear and darn his socks.« - Seine Unterhosen ausbessern und seine Socken stopfen! Also, das war dann das Ende meiner Rührung.

Das Lied ist übrigens von Irving Berlin, und deshalb hätte man eigentlich auf ein Klischee gefaßt sein müssen. Kein Gestreichel unter der Unterwäsche bis in die Socken hinein, sondern das gewohnte Standardbild der ehelichen Liebe: Mutter, die Frau, die ihren Mann gut instand hält. Und wenn wir nun schon mal bei den Gemeinplätzen sind, man kann sich ja vorstellen, daß so ein Mann das tut, was man von ihm erwartet - daß er irgendwann genug hat von den gestopften Socken und sich in jemanden verliebt, der noch streichelt. Ekelhaft, diese Langeweiler, mit ihrem gräßlichen Benehmen!

Das Büchergestell

Es gibt Ehescheidungen und »eh« Scheidungen. Die letzteren sind die echten, sie werden nicht beschlossen, sondern sie vollziehen sich sozusagen automatisch, oder es sieht zumindest so aus. Aber die ersteren, die wie ein Donnerschlag aus heiterem Himmel verkündet werden, haben etwas Absurdes. Man will seinen Ohren trauen, aber man denkt doch dauernd: »Ich irre mich.« Ich sitze im falschen Theaterstück, ich habe die verkehrte Türe geöffnet – das ist nicht die Wirklichkeit. Und das ist sie dann auch nicht.

Man stelle sich Folgendes vor: Fast alle Außenstehenden denken zuerst an die Kinder, die unschuldigen Produkte einer aufgelösten Verbindung, später selber Erwachsene, aber frag nicht was für welche! Es fängt jedoch schon beim Büchergestell an. Zwei Seelen, die so fest zusammengeschmiedet sind, werden auf die Dauer doch ihre Bücher in ein Regal stellen. Und wenn sie nicht mehr jung sind und auch nicht dumm, dann haben sie eine ganze Anzahl solcher Regale mit Büchern gefüllt. »Du kannst deinen Krempel nehmen und verschwinden«, ist leicht gesagt. Aber wie trennt man die Bücher? Sie stützen sich gegenseitig, sie lehnen sich aneinander, sie können nicht auf eigenen Beinen stehen und fallen deshalb in den Lükken um.

Hunderte von Umarmungen, Tausende von Erinnerungsfäden, wie soll man das auseinander klauben? »Das ist mein Buch, das weißt du doch!« »Ich dachte, daß es meins sei, du hast es mir doch geschenkt.« »Aber der Russell, der ist sicher mir.« »Ja, den hast du von mir zum Geburtstag gekriegt.« »Aber den Fitzgerald habe ich mir selber gekauft.« »Kunststück, vom Haushaltsgeld.« »Bei *Howards End* bin ich sicher, das habe ich eingebracht.« »Aber weißt du noch, ich besaß es doch auch, und Doubletten haben wir damals weggegeben.« »Was sollen wir mit Elsschot tun, den haben wir gemeinsam von Emmen mit Widmung geschenkt gekriegt?« Ja, so geht es, und wenn es nicht so geht, dann geht es trotzdem nicht. Ich kenne ein Ehepaar, das über die Jahre hinweg rigoros alle guten Bücher doppelt gekauft hat. Eins in ihr Gestell und eins in seins, denn sie wollten ihre Selbständigkeit nicht aufs Spiel setzen. Aber als die Stunde geschlagen hatte und nur noch eine Unterschrift auf den Papieren fehlte, da haben sie doch nicht unterschreiben können. Die Jahre der Vorbereitung hatten sie doch, als es darauf ankam, das Scheiden nicht gelehrt.

Der Traum der Braut

Nachdem Nancy letzte Woche geheiratet hatte, gab sie mir den halben Meter Drucksachen und Werbeprospekte, den sie infolge ihrer Anmeldung am Standesamt erhalten hatte. Sie hatte alles sorgfältig für mich aufgehoben und sich bei dem Gedanken beruhigt, daß jemand diese Auswüchse einmal öffentlich an den Pranger stellen würde, und sich so destruktivere Ausdrucksformen des Ärgers erspart. Vor Jost, mit dem sie schon seit fünf Jahren in ununterbrochener Harmonie zusammenlebte, hatte sie fast alles versteckt gehalten, nachdem er beim Öffnen des zweiten oder dritten an »das Brautpaar« gerichteten Briefes in tiefe Melancholie verfallen war und gemurmelt hatte: »Mir stinkt es, ich tu's nicht, ich kaufe kein Brautbukett, ich will nicht, daß du lächerlich aussiehst!« Sie hatte ihm versichert, daß sie das auch nicht wolle: »Wir radeln einfach schnell hin und wieder zurück, weiter gar nichts.« Aber am Abend hörte sie ihn mit seinem Bruder telephonieren: »Meinst du nicht, daß sie mit Blumen rechnet, Frauen sind doch so, und du wirst sehen, nachher ist sie enttäuscht, aber ich tu's nicht.« Die Post der Händler in Sachen »glückstrahlende Braut« hatte ihr Zersetzungswerk bereits vollbracht, und nur durch eine tägliche, tapfere Unterschlagung der »facts of social life« konnte Nancy für sich selber und für Jost die Illusion aufrechterhalten, daß Heirat eine private Angelegenheit sei, die nichts, aber auch gar nichts, mit einem Begräbnis zu tun hat. Auch wenn dies nach der Hochzeit das einzige noch ausstehende Ritual ist. Es sei denn, sie ließen sich scheiden. Wer nicht verheiratet ist, kann sich nicht scheiden lassen, und um diese Möglichkeit – die sich so logisch aus der Ehe entwickelt - zu vermeiden, hatten Nancy und Jost unter dem Motto »never change a winning team« bisher die Heirat unterlassen. Was genau ihre Meinung verändert hatte, wissen wir nicht - sie selber haben nicht darüber gesprochen und wir trauten uns nicht, sie danach zu fragen. Ich konnte noch von Glück reden, daß ich von der Heiratsabsicht wissen durfte, denn in dem Maße, in dem die Werbedrucksachen zunahmen und dem Brautpaar Schauer von Gänsehaut über den Rücken jagten, verringerte sich der Kreis derer, die es wissen durften, so daß schließlich noch fünf Menschen übrigblieben, um auf dem Standesamt so zu tun, als wäre weiter nichts dabei.

Der Teil der Öffentlichkeit, der über ihre Hochzeit informiert war, beschränkte sich denn auch praktisch vollständig auf Verleiher von Kleidung, Brautroben, weißen oder schwarzen Limousinen mit livriertem Personal, Verkäufer von Fotoreportagen, Brautbuketts, Biedermeierkörbchen, Knopflochsträußchen, Diademen, Honeymoon-Suiten, Traumreisen, Hochzeitskarten und vielen anderen Formen von modernen Ehevollzugshilfen. Eine Sache wurde bei dem munteren Geschwafel klar: Eine Hochzeit ist zwar kein Begräbnis, aber muß doch wie eine schwere Krankheit Schritt für Schritt überwunden werden. »Sorgen Sie auf jeden Fall dafür, daß Ihre Hochzeitsreise geprägt ist von Ruhe, Ruhe und nochmals Ruhe. Wanderferien eignen sich nicht für eine Hochzeitsreise. Eilen Sie deshalb auch nicht von Museum zu Kirche und von Monument zu Theater, sondern lassen Sie nur die Atmosphäre eines Landes, einer Gegend oder einer Stadt auf sich einwirken. Genießen Sie die Natur, gehen Sie ab und zu abends aus, aber vermeiden Sie Streß.« Der herangezogene Arzt ist niemand geringerer als Dr. L. van Egeraat, der dem Rekonvaleszenten dann auch einige Hoteladressen im In- und Ausland verschreibt. Übrigens ist er der einzige, der seinen Beitrag in der Gratisbroschüre *Der*

Traum der Braut mit dem Namen versehen hat. Henri Knap und ein Rechtsanwalt C. Schreuder haben an dieser kommerziellen Einschüchterung mitgearbeitet – jedenfalls sind sie auf dem Titel angegeben. Aber was sie genau geschrieben haben, wird nicht näher ausgeführt. Alle Beiträge zeugen von einer offensichtlich als passend empfundenen Undeutlichkeit: »Nein, gegenwärtig liebkost man seine Frau nur noch, wenn man selber Lust dazu hat, was der Partner will, scheint man kaum mehr zu berücksichtigen. Ich warne Sie deshalb vor dieser Einstellung!« Und: »Dieser Mann oder diese Frau hat eine sehr bemerkenswerte Eigenschaft, die die restlichen zwei Milliarden nicht haben, es ist IHR Mann, oder IHRE Frau! Sie sollten GUT darüber nachdenken! Und Sie sollten auch versuchen, die Konsequenzen dieser Tatsache GUT zu verstehen!« Der *Traum der Braut* macht dem Bräutigam deutlich, was sein »lebenslänglich« eigentlich bedeutet: »Wenn der Mann abends das Haus nicht wegen einer Versammlung, sondern nur zu seinem Vergnügen verläßt, kann ich das nicht billigen. Mann und Frau haben ZUSAMMEN auszugehen. Es gibt genügend Möglichkeiten, sich zusammen zu entspannen.« Aber die Braut ist natürlich die Hauptsache, siehe eine Mahnung in einem Artikel über Brautkleider: »Für die Braut im besonderen ist dieser Tag der Tag ihres Lebens. An diesem Tag endet ihr Roman und beginnt ihre Geschichte. Sie hat deshalb keine einfache Aufgabe. Selbst erfüllt von einem unermeßlichen Glück, muß sie auch noch darauf bedacht sein, sich zu › geben ‹, nicht nur ihrem Mann allein (ihm natürlich in erster Linie, sie muß sich ihm von diesem ersten Tag an vollständig widmen), sondern auch der ganzen Umgebung.«

Man beachte, daß diese Texte nicht etwa von einem Eheverhütungsinstitut versandt werden, sondern Mut machen sollen, wenn nicht zum Heiraten, so doch zur Anschaffung von Brautbuketts: Désirée (klassisches Modell), Maria (speziell für das katholische Brautpaar), Butterfly (eine Symphonie in Weiß) oder Beatrix (die Blumen, die I.K.H. Prinzessin Beatrix für ihren Brautstrauß wählte). Königliche Bräute sind offensichtlich mit anderen Rechten ausgestattet als gewöhnliche Menschen, wird denen doch ausdrücklich suggeriert, daß das Bukett für die Braut eine Überraschung bleiben müsse. Es muß vom Bräutigam ausgesucht werden, der sich zuvor diskret über die Toilette seiner Braut oder wenigstens die Farben informiert hat, denn er wiederum darf das Kleid nicht vorher sehen. Aber wie einfach dieses auch ausfallen mag, ein Brautstrauß ist obligatorisch.

Für sensible Empfängerinnen des *Traums der Braut* muß es doch ein Schlag sein, daß ihr Roman bald endgültig aus ist. Das ist übrigens auch so eine mysteriöse Bemerkung. Soll es etwa heißen, daß der Bräutigam schon eine Geschichte hinter sich hat, bevor er heiratet (schon jemand war, im Gegensatz zu seiner Braut), oder daß für ihn die der Heirat vorangegangene Periode kein »Roman« war? Das Glück der Braut mag unermeßlich sein, das Unglück des Bräutigams scheint mir sehr wohl meßbar, wenn er nämlich die reichlich mit Damen und Herren in Stola und Jackett bestückte Mahnung der Mietboutique John Kennis erhält. Ein jammervoll pomadierter Herr mit grauem Zylinder spricht tapfer lächelnd den folgenden Text: »Erst wollte ich einen gewöhnlichen Anzug nehmen, aber dann hörte ich zum Glück, daß ich mich anpassen müßte. Stellen Sie sich vor, daß ich ihr auf diesem Photo mit meinem normalen Anzug den Brautstrauß überreicht hätte! Das wäre ein Fauxpas gewesen!« Ich schwöre, daß es so geschrieben steht, genauso wie der Slogan: »Mieten heißt modern leben« und die Beschreibung der Festausstattung für Buben von vier bis zehn: »Weiße Handschuhe, ein schwarzes oder graues Zylinderchen, die schwarzen Lackschuhe, ein Prachtmodell, können Sie dazu mieten.« Ein anderer Vermieter des modernen Lebens verleiht auch noch ein Tambourstöckchen dazu für einen Gulden Aufschlag und bringt ein Photo des Ganzen: Ein Zwerg in Grau mit Spitzenjabot, der schon mit sechs Jahren gestraft ist mit dem Kopf eines Zigarrenverkäufers.

Von allergrößter Wichtigkeit ist beim Auto die Reihenfolge des Ein- und Aussteigens: »Die genannte Reihenfolge wird auch nach der Zeremonie eingehalten mit der Einschränkung, daß die Braut nun links vom Bräutigam ist und den Strauß auch in der linken Hand hält. Aber aufgepaßt, wenn nach dem Standesamt noch eine katholische Trauung folgt, bleibt die Braut vorläufig auf der rechten Seite des Bräutigams.« Warum, wird nicht gesagt, und auch nie erklärt, weshalb der Bräutigam das Brautkleid vor der Hochzeit nicht sehen darf. Wahrscheinlich ist dies ein Relikt aus der Zeit, als der Bräutigam die Braut vor der Hochzeit nicht sehen durfte.

Eine Quelle der Ausbeutung ist auch der Transport (»mit weißem Hochzeitswagen oder sogar in einem romantischen Kütschchen, das von zwei oder vier prächtigen Schimmeln gezogen wird«) und die Photoreportage (fl 1.30 pro Stk., Postkartenformat fl 1.50 pro Stk.). Geliebtestes Kind der Photoreportage ist das sogenannte Parkphoto: Ein Brautpaar mit weißem Schleier und mit Zylinder mitten auf einer gottverlassenen Wiese. Die Limousinen rollen auf den Prospekten ebenfalls durch Wiesen, oder man sieht sie auf Postkartenformat am Waldrand. In Nancys ganzem Stapel von »Liebes Bräutchen« bis »Sehr geehrtes Brautpaar« entdeckte ich doch noch eine menschliche Regung. Sie fiel aus dem rosigsten Bukettprospekt heraus (Brigitte, Ausführung A fl 133,50, Ausführung B fl 116,50): »Sollten Sie«, so lautet die »Warnung«, »ohne uns aufgefordert zu haben, Besuch von jemandem erhalten, der sich als Vertreter unserer Firma ausgibt, dann ist es so gut wie sicher, daß sie es mit einer Person zu tun haben, die für ein Geschäft arbeitet, das seit einiger Zeit in größerem Umfang mit unserem goodwill Kunden von Brautsträußen abwirbt. Diese Person bietet Ihnen den Strauß Ihrer Wahl billiger an. Unser Haus rät Ihnen dringend, diesen Pseudovertreter nicht zu berücksichtigen, und beteuert, sich um ›gerichtliche Maßnahmen‹ gegen den genannten Betrieb zu bemühen.«

Das war der einzige ehrliche Ton in Nancys Traumpaket.

Das Symbol der Hochzeitsfeier in der Torte: Oben auf dem kleinsten Rund das arme Brautpaar aus Zuckerguß und darunter in stets größer werdenden Ringen viele Lagen von Profiteuren, die in der Sahne der Braut baden.

Heute morgen, als ich gerade mit diesem Artikel fertig war, sah ich so ein Phantasiebrautpaar bei lebendigem erschreckten Leibe. Sie standen vor dem ausgebleichten Tor der halbzerfallenen Scheune, die unter den Eichen gegenüber meinem Garten steht. Er in schwarzem Frack neigte sich zu ihr, zu deren Füßen der Photograph den Schleier drapierte. Da standen sie, ohne Familie und Freunde, einsam mit ihrem Photographen am Beginn eines Lebens, das zu einem lebenslangen Porträt auf dem Kaminsims führt. Es ist kein Wunder, daß die Dali-Ausstellung so viel Publikum anzog: Der Surrealismus lebt in den Herzen und Wohnzimmern der Menschen. Hinter diesem romantischen Brautpaar stand in Wirklichkeit eine grinsende Person, eine Gießkanne in der Hand. Aber das weiß nur der Photograph, der sie wegretuschieren wird.

Emanzipation

Frauen fordern Rechte, Frauen fordern Macht, Frauen fordern dies und Frauen fordern das, was sie auch sofort kriegen, aber es hat etwas Forciertes, wie wenn sie einander ständig zurufen würden: »Ja, das weiß ich doch auch, aber wir müssen jetzt auf einen harten Kurs einschwenken.« Eine Art Minirevolution, zu vergleichen mit der Kulturrevolution in China, die auch nie den Eindruck einer wirklichen Revolution machte. Warum nicht? Weil eigentlich niemand dagegen war, weil sie von oben autorisiert wurde, weil Königin Juliana die Emanzipiade eröffnet hatte und Präsident Mao die »Revolution« gegen sein eigenes Regime anführte.

Vor vier Jahren schrieb ich, die Frauenemanzipation sei kein Thema, das sich zu Vorträgen vor Männern eigne, da es für Männer ohne Interesse sei, mehr noch, daß sie durch die Emanzipation bedroht würden und deshalb nicht mit Argumenten überzeugt werden könnten, ihre Macht aufzugeben. Aber jetzt bin ich mir dessen nicht mehr so sicher. Denn inzwischen hat die Idee, daß eine Frau Rechte hat und genauso viel kann und will wie ein Mann, sich rasant ausgebreitet und mir fällt häufig auf, daß Männer davon mehr überzeugt sind, als daß Frauen verändert wurden. Das ist nicht verwunderlich, denn wer Macht will, oder Selbständigkeit oder Gleichberechtigung, oder wie immer man es nennen mag, muß auch finanziell unabhängig sein, daß heißt Geld verdienen, und das bedeutet: arbeiten. Und wer arbeitet schon gern? Ich bin es seit jeher gewohnt, aber durch ein Gespräch, das ich vergangene Woche im Radio gehört habe, realisierte ich plötzlich wieder, wie himmlisch es sein muß, wenn man nie gezwungen ist, zu arbeiten, und wie berechtigt es ist, schon beim bloßen Gedanken daran Ekel zu empfinden.

Es war ein Gespräch eines Ehepaares ohne Fragen und Kommentare der Moderatorin im hörenswerten Frauenfunkprogramm *Permanent Wave* der VPRO. Thema war die Rollenverteilung in der Ehe, Geld verdienen also, und gleich brach die Frau deswegen einen Streit vom Zaun. Das heißt, sie schlug den ausgeleierten Ton der ewigen Benachteiligung an, so daß der Mann, hands down, vom Sturm umbraust, zum Vorbild der Redlichkeit und Toleranz wurde. Doch nicht zum Schwächling, denn trotz seiner Sanftmut und Nachgiebigkeit vertrat er seinen Standpunkt, daß die Frau gut ein paar Tage außer Haus arbeiten könnte.

Am Anfang klang sie noch normal: Sie sagte, im Winter denke sie auch manchmal an einen Job, denn da fühle sie sich oft »isoliert«, aber jetzt, bei dem schönen Wetter, wo man so viel unternehmen könne, hätte sie absolut keine Lust. Diese vielversprechende Offenheit hielt sie leider nicht lange durch; der Angriff wurde eröffnet. Sie meinte: »Du hängst zu sehr am Geld, du jammerst immer darüber« und – als er dies verneinte, »ich habe keine Lust, für einen Hungerlohn zu arbeiten, wenn du das Doppelte und Dreifache verdienen kannst.« Es gehe ja nicht allein ums Geld, es gehe um das Prinzip, fand er, und warum solle nur er immer arbeiten? Große Benachteiligung. Wenn sie nun eine Arbeit hätte, die sie wirklich schön fände, dann wäre es etwas anderes. Aber die hatte sie nicht.

Es folgte ein langatmiger Vorwurf an seine Adresse: Daß er es anscheinend für unnütz hielt, was sie tat, daß er offenbar nicht begriff, wie wichtig es war, Kinder zu erziehen. Natürlich sei das wichtig, antwortete er, aber doch etwas einseitig, denn so werde sie nie mit anderen Sorgen konfrontiert, es wäre gut für sie, auch andere Situationen kennenzulernen. Sie setzte sich sehr pikiert zur Wehr. Sie beschäftige sich weiß Gott auch noch mit anderem, sie sei immer bereit, sich Probleme von Freunden anzuhören, ob das vielleicht sinnlos sei! Nach einer kurzen Pause sagte er »nein«, was ich sehr lieb von ihm fand, denn ich hätte es ihm nicht übel genommen, wenn ihm nicht danach gewesen wäre, wenn man bedenkt, daß er wegen allem und jedem mit ihr Ärger kriegte und wie viele Gläser Sherry wegen dieser nützlichen Gespräche auf seine Kosten getrunken wurden. Aber dieser Mann war bei dem Gespräch übervorsichtig. Kein Wunder übrigens, denn sie konnte und wollte sich nicht beruhigen und klagte ständig, die Kindererziehung werde nicht genügend geschätzt, bis dem Mann der Geduldsfaden schließlich riß und er ausrief: »Natürlich finde ich das wichtig, das ist ja der Grund, warum ich es selber auch gerne täte!« Das war richtig rührend. Aber sein Vorschlag: »Ich arbeite drei und du zwei Tage in der Woche«, wurde von ihr mit Hohn und Entrüstung verworfen.

Diese Frau fühlte sich bedroht, das war deutlich. Denn was ihr Mann sagte, war nichts Lächerliches, das kann man heutzutage von allen Seiten hören. Was sie wollte, war früher ganz normal: einfach ein angenehmes Leben, das man sich selber einteilen kann, in der Sonne sitzen, mit Freunden plaudern, mit den Kindern spielen, die aus der Schule kommen, eventuell noch ein Baby adoptieren, um damit eine soziale Rolle in der Gesellschaft zu spielen – auf das alles hatte man als Ehefrau eines verdienenden Mannes schließlich ein Anrecht. Wenn Frauen damit nicht zufrieden sind, ist das deren Problem, das sie selber lösen müssen. Sie war durchaus zufrieden damit, und das war ihre Wahl und ihr Recht. Solche Frauen gibt es natürlich noch massenhaft, und sie werden immer öfter Schwierigkeiten bekommen mit Ehemännern, die angesteckt sind von der Idee der Gleichberechtigung, die die

Feministinnen wie einen Geist aus der Flasche gelassen haben. Für diese Frauen wird es ausgesprochen schwierig werden.

Ich glaube, daß in den Männern, die keine Arbeit haben, die sie »voll befriedigt« oder die sie »wirklich schön finden« (den meisten also), schon seit langem ein mehr oder weniger verborgener Mißmut über das verdammte Geld steckt, das sie für die ganze Familie verdienen müssen. Natürlich, jeder will im Prinzip immer alles, also umsorgt und verwöhnt werden und Herr im Hause sein. Aber ständig für alle Rechnungen aufkommen und alles Geld allein verdienen, das gilt als nicht mehr völlig gerecht, das wird langsam unmodern, und man wird sehen, daß es auf lange Sicht mehr Männer geben wird, die da nicht mehr mitspielen, als Frauen, die Recht auf Arbeit fordern. Es ist in der Tat ein zweischneidiges Recht, denn es beinhaltet schließlich, ehrlich gesagt, auch einen Zwang, und viele haben immer schon, sobald sich die Möglichkeit geboten hat, die Sozialhilfe vorgezogen.

Ein langer Kampf steht noch bevor, nicht nur von Männern gegen Frauen, sondern auch von Frauen untereinander, denn die »underdog«-Auffassung, Frauen müßten solidarisch sein, war stets aus der Luft gegriffen und wird bei zunehmender Emanzipation (= Individualisierung) noch unwirklicher werden. Der Konkurrenzkampf geht weiter.

Es gibt gewisse Grenzen

Ist die Ehe noch zu retten? Viele Ärzte und Gelehrte beschäftigen sich heutzutage mit dieser Frage, aber die Aussichten sind, wie für die Wirtschaft und das Leben, ungünstig. Weil nun aber einmal alle Menschen leben und die meisten verheiratet sind, begnügt man sich nicht mit ungünstigen Prognosen. Medizinmänner, darunter eine völlig neue Spezies, die Beziehungstherapeuten, haben ihre Praxen eröffnet, werden angerufen; man denkt sich auch selber Lösungen aus, die so lange zum Brunnen gehen, bis sie brechen.

Ein gewisser Professor Van Heek, Soziologe von Beruf, schlägt vor, daß man, bevor man eine Ehe eingeht, erst einmal unverheiratet zusammenlebt oder »hockt«, wie er das nennt. Ein typischer Soziologenvorschlag: Sobald sich diese Wissenschaft auf praktisches Terrain begibt, kommt sie mit Vorschlägen, die schon vor zehn Jahren »in« waren. Der Professor meint, daß das Vorstadium des »Hockens« verhindern kann, daß man »während der Ehe entdeckt, daß das Zusammenleben mißglückt ist«. Wie gesagt, vor zehn Jahren hat man diesen Vorschlag häufiger gemacht, aber seither hört man an der Basis nichts mehr davon, denn es hat sich herausgestellt, daß das alles überhaupt nichts gebracht hat. Man trifft nämlich häufig auf Leute, die sieben oder acht Jahre zusammenlebten, dann tapfer heirateten und nach zwei oder drei Jahren auseinandergingen. Aus diesem Wetterumschlag folgert die Umgebung: »Ihr hättet nicht heiraten sollen«, aber dieser Schluß ist nicht zu beweisen, und es ist gut möglich, daß es beim Nicht-Heiraten aufs selbe hinausgelaufen wäre. Es gibt auch Menschen, die gleich heiraten, etwa fünfundzwanzig Jahre durchhalten und jetzt in getrennten Häusern wohnen. Wären die noch unter einem Dach vereint, wenn sie die erste Hälfte der fünfundzwanzig Jahre dort »gehockt« anstatt gewohnt hätten? Ach was, ach was, ach was, die wären, wenn sie - other things being equal - nicht verheiratet gewesen wären, vor fünfzehn Jahren auch nicht auseinander gegangen. Ich finde, daß Prof. Van Heek über die menschlichen Beziehungen noch recht altmodische Ansichten vertritt. Zu statisch. Etwa so: Nach einigen Jahren hat man einander kennengelernt, da weiß man, woran man ist. Zwar stimmt der erste Teil des Satzes, nicht aber der zweite. Gegen alles kann man etwas einwenden, auch gegen den Partner, aber wenn man keine Alternative hat, muß man sich damit abfinden, wenn man jedoch eine Alternative hat, dann nicht. Manchmal ist die Alternative jämmerlich, und dann hat man Pech, aber wenn die Verliebtheit die Alternative ist, dann kann man das Zusammenleben in diesem Moment keineswegs als Pech bezeichnen - nicht mehr jedenfalls als im Vorjahr -, aber der Unterschied ist, daß es jetzt eine stimulierende Alternative ist. Und warum soll man mit etwas leben, das nicht mehr nötig ist? Wegen der Kinder. Wenn welche da sind.

Die Kinder sind Fesseln. Das stimmt. Sie binden die Hände der Eltern aneinander, so daß oft Väter mit einem Seufzer noch ein Weilchen länger bei den Müttern bleiben. Aber Mütter nicht bei Vätern. Wenn sich Mutter in einen anderen Herrn verliebt, der verfügbar ist, dann wird die Situation schlagartig hoffnungslos. Ich finde, daß Frauen dann oft extremer reagieren als Männer, den neuen Vater ins Haus nehmen, den alten Vater zur Seite schieben und sich erbarmungslos, oder wie soll man es nennen, emanzipiert benehmen. Männer können jahrelang fremdgehen und selbst eine feste Freundin neben ihrer festen Frau haben, ohne auf eine Entscheidung zu drängen. Die Erklärung dieses eigenartigen Unterschieds der Geschlechter muß, glaube ich, in den gesellschaftlichen Gewohnheiten gesucht werden. Sicher hat Vater eher eine Freundin als Mutter einen Freund, aber wenn er sich genauso durch Leidenschaft und Veränderungssucht treiben lassen würde, wäre er auf einen Schlag seine Kinder los. Das wollen die meisten Männer nicht, und die Frauen auch nicht, aber die müssen auch nicht. Sie behalten ihre Kinder dennoch.

Diese Tatsache ist natürlich sehr unbefriedigend. Die Menschen heiraten, weil sie Halt suchen, und was finden sie? Alles bleibt sich gleich, das heißt überall ist Veränderung. Und sie lieben einander doch und möchten, daß es so bliebe. Monogamie, da sind sie sich plötzlich einig, das schafft man doch nicht, das ist zu viel verlangt, das muß auch gar nicht sein, so beschränkt sind sie nicht. (Zumindest hört man gewisse Leute so reden.) Aber eben, dann muß was anderes her. Denn nach Grenzen, wie weit gezogen sie auch sein mögen, besteht ein Bedürfnis. Die neue Grenze heißt: Ehrlichkeit. Du kannst alles tun, wenn du es nur erzählst, denn zwischen uns soll es keine Geheimnisse geben. Das Bett ist ein mehr oder weniger öffentlicher Ort geworden, für jeden, der wünscht und gewünscht wird, zugänglich, und das Ehepaar sucht das Besondere seiner Verbindung in der Intimität der Ehrlichkeit. Ich war über die Tapferkeit und Kameradschaft solcher Menschen erstaunt und auch eifersüchtig darüber, denn mich sah ich nicht in einer solchen Rolle.

Aber es funktioniert nicht. Denn eine solche Abmachung ist eine Grenze, und man kann Grenzen so weit ausdehnen, wie man will, der Impuls, sie zu übertreten, ist stärker. Wenn man das aus dieser Philosophie entstandene Schlachtfeld überblickt, dann stellt man fest, daß diese milde Grenze für den einen Partner die gleiche Eingrenzung bedeutet wie die altmodische von früher – und der andere wieder Grund hat, sich betrogen zu fühlen. Ehrlich berichten, bedeutete ehrlich ein Viertel erzählen, ehrlich berichten, was bereits geschehen ist, nicht aber das, was man gerade vorhat, ehrlich berichten, daß du den Abschiedsbrief geschrieben hast, aber verschweigen, daß du ihn noch nicht abgeschickt hast. Folge davon: die treuen Kameraden stieben ebenfalls auseinander. Überdies war das »ehrlich berichten«, wenn es auch noch so mutig beschlossen worden war, kein Vergnügen. Denn man wird, seltsamerweise, doch eifersüchtig. Eifersucht war noch nie schön, aber heutzutage macht sie doppelt elend: erstens an und für sich und zweitens, weil man dieses Gefühl nicht mehr haben darf. Eifersucht auf deine »Schwester« (dieses Luder) darf nicht sein, denn sie ist eine Frau wie du, und dein Mann ist nicht dein Besitz. So edelmütig und unrealistisch kann eben niemand sein. Um doch noch ein Lippenbekenntnis dafür abzulegen, hört man oft Frauen sagen: »Daß er ein Verhältnis hat, nehme ich ihm nicht übel, aber daß er mich deswegen anlügt, finde ich schlimm.« In solchen Fällen kann man ruhig annehmen, daß sie einen Stock sucht, um den Hund zu schlagen. Daß er eins hat, findet sie schlimm. Warum hört man diesen Ausspruch öfter von Frauen als von Männern? Ich glaube, weil sich Männer ihrer Eifersucht noch nicht so schämen. Außer einem, den ich kennengelernt habe und der so wenig eifersüchtig war, daß ich gut verstand, daß ihn seine Frau schließlich doch verlassen hat.

Nein, dieses ehrliche Berichten bringt auch keinen Segen. Vielleicht, daß sich damit eine Subkultur, die ich nicht aus Erfahrung kenne, eine Weile über Wasser hält. Aber in vielen Fällen habe ich etwas erlebt, das mir mit der Zeit unheilvoll erschien: Wenn ein Ehepartner dem anderen ehrlich sagt, daß er oder sie ein Verhältnis hat (meistens sagen sie »gehabt hat«), ist das nicht, wie es scheint, eine Versöhnung, ein Zeichen von Intimität, sondern eine meist noch unbewußte Vorstufe zum Rückzug. Wenn die Menschen nur fremdgehen, aber nicht mit dem anderen brechen wollen, sagen sie nichts, lügen das Blaue vom Himmel und verwischen alle Spuren. Wie läppisch und verlogen dies auch sein mag, es ist ein gutes Zeichen für die Ehe. Und man kann noch so modern sein oder moralisch darüber erhaben sein - im Verschweigen liegt auch eine Selbstdisziplin, eine Ergebenheit in die Tatsache, daß man nicht mehr ist als ein hilfloses Geschöpf. Aber das »nicht eifersüchtig sein dürfen« ist eine wirklich idiotische Forderung. Man könnte sie noch akzeptieren, die ruhige Toleranz des Ehebruchs, weil man einander etwas gönnt und uns die Vorschriften des Pfarrers nichts anhaben können - wenn die Ehe noch immer das wäre, was sie einst gewesen ist, eine Verbindung fürs Leben. Seitdem es nicht mehr so ist, ist die Eifersucht stärker gerechtfertigt und gleichzeitig verboten. Jede Verliebtheit kann zu einem Zusammenleben führen. Nichts ist einfacher, nichts aber auch bedrohlicher. Gerade als wir menschlich und psychisch in der Lage waren, den gegenseitigen Ehebruch verkraften zu können, wurde der Rahmen, in dem das alles möglich gewesen wäre, gesprengt. Damit sieht man wieder einmal: Ein Schritt vorwärts, und dann steht man wieder da.

Die Gelehrten müssen sich mit dieser Frage noch einmal beschäftigen. »Hocken« gibt keine Garantie, und ehrlich erzählen bringt nichts. Auf dem Gebiet des Eheglücks hat die Wissenschaft noch kein Äquivalent zur alten Kombination von Monogamie und Tod gefunden. Wie beneidenswert einfach erscheint doch auf diese Weise das Zusammenspiel von Schicksal und Gebot (Gott).

Keine glückliche Jugend, aber doch eine Jugend. Nun sind wir mündig und müssen im nachhinein sehen, wie wir zurechtkommen.

Infantiles Bedürfnis

Da haben wir den Salat. Der homo ludens möchte glücklich sein, und es gelingt ihm nicht. Beflissen wird täglich ein neues Heilmittel lanciert, eine immer neue Variante des nun schon vertrauten »Do your own thing« oder auch »Do it now« vorgeschlagen. Der simple Slogan scheint betrügerisch, und der notwendige theoretische Unterbau kommt meistens über Amerika nach Westeuropa. Ich lese gerade von Otto Mühl, der eine aktionsanalytische Organisation gegründet hat, die sich in einer Kommune verwirklicht und seine Theorie in die Praxis umsetzt. »Im Kommunen-Manifest wird ausdrücklich auf die Abschaffung der Zweierbeziehung (d.h. ausschließliche Paarbildung) hingewiesen und die Einführung der Freien Sexualität propagiert, wodurch die Befriedigung des Sexualbedürfnisses aller Mitglieder gewährleistet ist.« Das steht im *N.R.C.* Aber mir scheint das kein Heilmittel zu sein.

Denn ich bin ein Sünder. Ich versuche momentan nicht, meine sexuellen Bedürfnisse zu befriedigen, sondern mein Bedürfnis nach einer Zweierbeziehung. Das schlimme Wort ist draußen, die Sünde ist gebeichtet, die Lösung von Mühl kann mir nicht helfen. Aber ist es wirklich Sünde? Man erwarte nicht, daß ich dies abstreite, denn es ist natürlich Sünde. Auf welchen Gefühlen beruht die Zweierbeziehung? Mühl sagt es und trifft damit den Nagel auf den Kopf: Diese schöne Sache beruht auf einem »infantilen Bedürfnis nach Liebe«. Das sitzt. Man kann es nicht oft genug wiederholen (auch wenn es manchmal langweilig ist, wenn man es so oft hört), es ist ein infantiles Bedürfnis, nicht mehr. Und nicht weniger. Und ich bin mir auch völlig darüber im klaren, daß es nicht gut ist – zustimmend nicke ich bei der Moralpredigt, die gehalten wird: Wirf die infantilen Bedürfnisse über Bord! Sublimiere sie, komm zur Einkehr, kultiviere erwachsene sexuelle Bedürfnisse, die ohne Zweierbeziehung für jedermann gewährleistet sein sollten. Nur dann wirst du frei sein und Gnade finden in den Augen der Götter. (Fast hätte ich »von Gott« geschrieben. Verräterischer Versprecher. Gott ist zu exklusiv, er ist eine andere Form derselben verdammten Zweierbeziehung, Monotheismus und Monogamie sind Früchte derselben Saat, Produkte der Kleinfamiliengesellschaft.)

Dumm ist nur, daß dieses infantile Bedürfnis nach Liebe sich unvermindert infantil erhält. Es darf nicht sein, es bringt nur Unglück, ich weiß es. Aber ich sündige mit Gedanken, und die neue Moral berührt mich nur äußerlich. Man muß es folgendermaßen sehen: Früher, als noch »ziemlich allgemein angenommen wurde, daß eine Moral existiere«, wie Carmiggelt sagt, gab es auch viele Sünder. Nur war damals gerade das Umgekehrte Sünde. Als Kinder lagen sie im Bett und taten einsam das, von dem sie wußten, daß es nicht erlaubt war: ein sexuelles Bedürfnis befriedigen. Das deutete auch damals bereits nicht nur auf einen schlechten Charakter, sondern war zudem ungesund. Man wurde müde und lustlos dadurch, man konnte Rückenmarkserweichung davon kriegen und ein Ungeheuer werden, das später nie mehr zu einer Zweierbeziehung mit der mit ihr verbundenen Plackerei imstande sein würde. Auch als Erwachsene lagen die Sünder wieder im Bett, aber nicht im ehelichen, in fremden Betten lagen sie, manchmal sogar in Bordellen, was für Männer schon schlimm genug war, für Frauen aber die katastrophale Konsequenz der Nymphomanie zur Folge hatte.

Ja, damals ging die Moral gerade in die entgegengesetzte Richtung. Aber sie wurde ebenso unerbittlich gepredigt in Klöstern und Handbüchern, durch Priester und Pfarrer. Und – konnten sie den Sünder retten? Nein, das konnten sie nicht, das infantile Bedürfnis richtete weiter Unheil an, und die Sünder litten unter ihrer Schlechtigkeit. Bis Freud kam und seine Patienten an ihr tiefstes infantiles Bedürfnis erinnerte: an die Zweierbindung und an das, was in diesem Zusammenhang schief gelaufen war. Das hat viele Menschen erleichtert und die Sünde etwas weniger sündig gemacht.

Aber jetzt? Jetzt ist da wieder eine Moral und wieder überfordert sie uns. Wir müssen in Freiheit und Gleichheit mit unseren Mitmenschen ins Bett gehen, aber ohne Exklusivität. Denn die führt zu Eifersucht und Besitzgier und Mord und schließt Selbstverwirklichung aus, weil sie zur Kleinfamiliengründung führt. Journalisten, Therapeuten, Taschenbücher und Aufrufe bringen mir diese Moral ins Haus. Und bringen sie auch Heilung? Nein, absolut nicht. Es müßte ein neuer Freud kommen, um uns zu überzeugen, daß das kollektive Fremdgehen unser infantiles Bedürfnis nach Liebe befriedigt.

Diesen Freud aber gibt es nicht. Wohl gibt es Scharlatane, viele, viele Scharlatane und Schwätzer und Moralapostel. Könnte es nicht sein, daß diese neue Moral selber Scharlatanerie ist und nichts bringt und nur das infantile Bedürfnis verurteilt und zur Strafe in den Kühlschrank sperrt? Ein schwaches Anzeichen dafür sehe ich darin, daß die Botschaft der Mühls unserer Welt immer den Anspruch erhebt, etwas Neues zu sein. Während die sexuelle Befreiung schon vor mindestens fünfundzwanzig Jahren zum Abschluß gekommen ist, und man heute nirgends mehr auf einen modernen Geist stößt, der einem nicht beim ersten Schlückchen seines Grappas schon verkündet, daß er sich endlich befreit habe von seinem infantilen Liebesbedürfnis und einem dringend rate, das Gleiche zu tun. Wahrscheinlich denken sie, daß das neu sei, weil bei keinem einzigen von ihnen die Saiten der Erinnerung zum Klingen gebracht werden.

Jeremiade

Ich habe den Eindruck, daß Frauen mehr jammern als Männer. Verschiedene Menschen, mit denen ich darüber gesprochen habe, waren jedoch anderer Meinung, aber ich bleibe dabei, weil ich dafür nämlich eine Erklärung habe.

Männer sind unmögliche Geschöpfe, das ist ja bekannt. Wenn man einen Moment nicht hinhört auf das Viertelswörtchen, in das sie ihre ganze Leidensgeschichte legen, gehen sie ins Café, oder zu ihrer Freundin, oder sie knallen bestenfalls mit Türen. Aber Frauen stimmen einen Jammergesang an, und das kann auch sehr auf die Nerven gehen. Erst jammern sie, weil man ihnen helfen muß, und dann, weil es nicht schnell oder herzlich genug geschah, und darauf jammern sie wieder, weil sie keine Ruhe geben, ehe man nicht auch noch zugegeben hat, daß es richtig besehen der eigene Fehler oder die eigene Schuld war. Danach jammern sie erneut, daß man es nicht übel nehmen soll, daß sie dies gesagt haben. Ich gebe dies alles ziemlich verkürzt und übertrieben wieder, aber jeder wird darin die Essenz der Jammerei erkennen. Das wahre Jammern ist nicht zu befriedigen, denn man will im Grunde etwas damit erreichen, was gar nicht von dieser Erde ist.

Gejammer ist unausstehlich, und seit es mir bei Frauen stärker aufgefallen ist, bin ich vom Gedanken geheilt, daß das Leben für Männer einfacher sei als für Frauen. Kinder jammern übrigens auch, selbst kleine Katzen jammern zwanzigmal mehr als ihre Mutter. Denn Jammern ist die Waffe der Hilflosen. Das verleiht ihnen zwar etwas Rührendes und Klägliches, aber es bleibt, was es ist, eine Waffe. Je weniger man selbst zu tun imstande ist, desto mehr muß man bei andern jammern, damit sie einem helfen. In akuten Fällen wird der jammervolle Tonfall zur Gewohnheit, bei jeder Gelegenheit und zu jedem Thema.

Ein Markenzeichen des ewigen Jammerers ist, daß kein Wort des Dankes folgt, wenn der er-jammerte Wunsch erfüllt wurde. Eher folgt ein seufzendes »na also« plus der Vorwurf, daß man so lange betteln mußte; so daß im Grunde niemand einen solchen Jammerlappen je erfreuen kann.

Man bemerkt deshalb oft Männer, die sich, zermürbt durch lange Praxis, der jammernden Frau gegenüber zuvorkommend verhalten, nicht um diese zu erfreuen, sondern nur, um so schnell wie möglich wieder Ruhe zu haben. Jetzt wird's allerdings ganz verrückt - denn je länger ich darüber nachdenke, desto mehr Frauen fallen mir ein, die sich mit jammernden Männern abrackern müssen, aber um die Sache nicht unnötig zu komplizieren und damit die Sätze nicht zu lang werden, will ich bei der ursprünglichen Geschlechtereinteilung bleiben. Ich hoffe, in einem andern Zusammenhang noch einmal darauf hinweisen zu können, daß uns gerade durch das moderne feministische Anliegen, die Verschiedenartigkeit der Geschlechter zu betonen, sonnenklar wurde, daß alles gehupft wie gesprungen ist. Übrigens hat eine Untersuchung von Schimpansen in freier Wildbahn durch eine Biologin gezeigt, daß bei diesen Tieren nur die Weibchen jammern. (Daß es bei den Menschen die Männchen auch tun, deutet auf eine Degeneration hin.)

Jammern ist eng verwandt mit vorwerfen, das wird aus dem Vorangegangenen deutlich. Und Vorwürfe gehören just zu den Dingen, die noch niemanden glücklich gemacht haben. Vor allem unausgesprochene Vorwürfe, die sich, ohne Hand und Fuß zu haben, nur im Ton manifestieren. Auch dies hängt direkt zusammen mit der fixen Idee der Frauen, daß sie abhängig seien, und zeigt sich am deutlichsten in der Unfähigkeit, etwas zu reparieren. Wenn der Durchlauferhitzer kaputt ist oder der Heizkörper tropft, oder das Fahrrad nicht in Ordnung ist, dann muß das alles instandgesetzt werden. Aber wenn die einzige Lösung für diese Probleme ein Mann ist, entsteht automatisch die Auffassung, daß nicht in erster Linie die Gegenstände mangelhaft sind, sondern der Mann – und mit diesem, der zu faul und zu spät ist und es dazu nicht gut machte, muß man auch noch, wie die Feministinnen klagen, ins Bett gehen.

Wir kommen nun zu unserem letzten Punkt, zur so oft empfohlenen »Aussprache«. Ich weiß nicht mehr, was ich davon halten soll. Früher war ich dagegen, später, unter dem Einfluß der *Wie-bau-ich-mir-selbst-eine-Ehe*-Bücher, war ich dafür, und momentan zweifle ich. Es ist nicht alles Gold, was glänzt, kann man auch dazu bemerken. Eine Aussprache erleichtert darum selten beide Seiten, klärt nichts und ist oft nur der Anlaß zu noch mehr Jammer und Verdruß. Es geht vor allem schief, wenn man das Gefühl hat, alles genauestens zu durchschauen, und a, b, c, d der Reihe nach erklären kann. Ich glaube, es ist besser, wenn man abwartet bis zu dem Moment, wo einem gerade nichts mehr deutlich ist. Denn, was war eigentlich so deutlich? Daß man recht hat, daß der eigene Verdruß und die eigene Anklage gerechtfertigt sind. Aber je deutlicher dieses Recht in Worten ausgedrückt werden kann, um so schärfere Umrisse erhält sein logisches Pendant, nämlich das Unrecht des Gegenübers. Aus dem Unrecht entsteht die ganze Misere. Es nicht nur zu haben, sondern auch noch zuzugeben – das ist etwas, was der Mensch einfach ablehnt. Deshalb sind Aussprachen einfacher, wenn man sich zwar noch erinnert, aber nicht mehr so genau. Anders ausgedrückt, genau in dem Augenblick, in dem das Bedürfnis nicht mehr so groß ist, wo es den Kohl auch nicht mehr fett macht, stellen sich Friede, Freundschaft und Annäherung von selber wieder ein. Bei den Menschen und bei den Völkern übrigens auch. Das kommt alles daher, daß die Möglichkeit immerhin besteht, daß man vollständig im Recht ist, nicht aber die, vollständig im Unrecht zu sein. Jemand, der andeutet, daß man völlig Unrecht hat, der versteht einen nicht, der hat überhaupt keinen Draht für die Beweggründe des anderen, für das, was man sich dabei gedacht hat, für den ganzen Kontext und den allerersten Anfang. Man könnte es mit der eigenen Stimme, die man auf einer Kassette oder im Radio hört, vergleichen. Sie ist nicht dein eigen, sie ist fremd, die vertraute innere Resonanz fehlt ihr.

»Kannst du nicht einfach ein einziges Mal zugeben, daß du Unrecht hattest?« sagt der Ankläger und ärgert dich damit, denn du kannst es natürlich, und es wäre auch, weiß Gott, nicht zum ersten Mal, aber dann muß es wirklich sein, weil du Unrecht hast und nicht nur, weil du von jemandem gezwungen wirst, der ein bestimmtes Geschehen (bei dem du absolut im Recht warst) mit den Charaktereigenschaften erklärt, die er dir zuschreibt.

Oder jemand sagt: »Bei dir ist alles so schwierig, weil du nicht zuhören kannst.« Wobei du natürlich sehr wohl in der Lage bist, zuzuhören, aber nicht immer einverstanden bist mit dem, was du zu hören kriegst. Nein, dieser Vorwurf findet nicht so schnell Anklang. Denn das spielt sich in Wirklichkeit folgendermaßen ab: »Machst du einen Einwand, dann heißt es, daß du sie erst ausreden lassen sollst, und wenn du wartest, bis sie fertig sind und dann den Einwand wiederholst, dann sagen sie, daß sie jetzt gehen müssen, aber noch eine Sache zu sagen haben, über die du sehr gut nachdenken müßtest, und dann lassen sie dich als begossenen Pudel sitzen. Und diese Leute behaupten: › Du kannst einfach nicht zuhören! ‹«

Diese Rollen habe ich alle schon gespielt, die gebenden und die nehmenden. Und sagen kann ich nur eines: Sie führen alle zu nichts. Der größte Segen für die menschlichen Beziehungen ist, daß Menschen oft nicht zu Hause sind, sich auf Reisen befinden, daß das Telephon kaputt ist, die Adresse unklar, kurz, daß sie einfach nicht auffindbar sind, um darüber informiert zu werden, daß sie - und wie sehr sie - im Unrecht sind. Manch eine Ehe ist durch diese tägliche Verfügbarkeit in die Brüche gegangen, und so manche Freundschaft, ehebrecherische Beziehung oder andere Bindung auf Zeit blieb - wegen der unregelmäßigen Anwesenheit der Teilnehmer - intakt.

Gerechtigkeitsgefühl

Geh mit einem Mann ins Kino, auf die billigsten Plätze. Der Saal ist zu dreiviertel leer und doch werden einem irgendwo vorne seitlich Plätze angewiesen. Also steht man nach einer gewissen Zeit auf, nimmt ihn am Arm und läuft durch den Gang zur Saalmitte. Niemand sieht es und – übrigens – wenn schon. »Hier sitzen wir doch viel besser, nicht?«

Geh mit einem Mann auf eine Reise ins Ausland. Die Plätze sind reserviert. Im Abteil sitzen noch vier Leute, alle haben auch reserviert bis morgen früh. Die vier schwatzen unaufhörlich. Man geht durch den Wagen und stellt fest, daß es einige vollkommen leere, noch dunkle Abteile gibt. Schnell zurück: »Komm mal, sieh dir das an!« Etwas später sitzt du gemütlich zu zweit in einem sonst leeren Abteil, auf Plätzen, die nicht für dich reserviert waren.

Geh mit einem Mann ins Ausland. Das gebuchte Hotel ist nicht schön. Eine einzige kleine Glühbirne baumelt von der Decke. Am Tag Aussicht auf eine Brandmauer. Am nächsten Morgen schaut man sich die Stadt an, findet schnell ein Hotel, das nicht teuer ist, aber viel schöner, mit einer netten Aussicht und freien Zimmern. Was tut man also?

Ja sicher, sie gehen letzten Endes mit einem, diese Männer, damit sie ihre Ruhe haben, aber sie sind dabei immer leicht irritiert. So im Stil von: »Gott, findest du, daß das sein muß, es ist doch hier auch ganz schön« bis »Kind, du bist aber auch nie zufrieden, gerade hat man ausgepackt und schon soll man wieder einpacken!«, je nach dem Grad von Vertrautheit, der bereits erreicht ist.

Und, Herrschaft, man tut das alles ja nur, um es schließlich zusammen schöner zu haben. Und hier ist es auch schöner, sie geben das nach einer Weile selber zu. Aber sie bleiben ein bißchen bockig. Männer wollen keinen Anstoß erregen, keine Last verursachen, sie lassen sich lieber von der Gesellschaft als von einer Frau manipulieren. Sie akzeptieren eine Situation, wie sie ist, das tun sie ohne Widerspruch, aber wenn man ohne viel Aufwand eine Veränderung erreichen kann, die beide glücklich macht, fühlen sie sich geniert, wenn der Vorschlag dazu von einer Frau kommt, übergangen, ja, selbst herabgesetzt. Vielleicht akzeptieren Männer Ungemach leichter, weil sie in ihren Büros auch nichts ändern können, und Frauen sind bestrebt, die größtmögliche Gemütlichkeit zu schaffen, weil sie das schließlich zu Hause auch tun. Aber warum diese Verstimmung?

Ich kenne einen Mann, der ein Kleidergeschäft lieber mit einer neuen, zu kurzen Hose verläßt und mit einem Jackett, das zu weit ist, als daß er den Vorschlag seiner zu diesem Zwecke mitgebrachten Ehefrau befolgt und einen anderen Anzug probiert. Probiert er ihn doch und ist vom Resultat befriedigt, dann kauft er ihn auch, wird aber rückwirkend, sobald er seinen Fuß auf die Straße gesetzt hat, so übellaunig, daß das Ehepaar getrennt nach Hause gehen muß.

Aus all dem könnte man schließen, daß sich Männer leichter unterdrücken lassen als Frauen. Sie tun am liebsten, was ihnen die Gesellschaft (d.h. die anderen Männer) vorschreibt. Aus diesem Grunde hat die Gesellschaft (die Männer also) es lieber mit Männern als mit Frauen zu tun. Frauen sehen den Sinn vieler Vorschriften nicht ein, Männer sind immer geneigt, anzunehmen, daß die Existenz einer Vorschrift auch deren Sinn beweist. Außerdem, und vor allem, wollen Männer nicht auffallen. Als Rietje sich einmal den Finger an der Gasflamme verbrannte und laut »au« schrie, sagte Henk: »Schrei nicht so laut, das Fenster ist offen!« Er selbst hätte sicherlich auch so laut geschrien, aber sie sind schnell der Meinung, daß das Verhalten ihrer Frauen auf sie zurückfällt, auf die Männer, meine ich, denn über die rede ich gerade.

Zumindest die Männer, die ich kenne. Vielleicht sind »alternative« Männer anders. Manchmal werden sie in avantgardistischen Bekanntschaftsrubriken angeboten oder gesucht. Was sind das wohl für Männer? Ob sie langes Haar haben, oder wollen sie nur eine Alternative zu einem anderen Mann sein? So wie man neben seiner Tageszeitung noch die Wochenzeitung *Vrij Nederland* liest?

Es fällt mir ein, daß Freud von Frauen sagte, daß sie ein weniger ausgeprägtes Gerechtigkeitsgefühl hätten als Männer. Ob es davon kommt? Ist es nicht tatsächlich ungerecht, wenn man für 3.75 fl auf Plätzen von 5.50 fl sitzt? Oder ein leeres Abteil zu nehmen, wenn man ein volles reserviert hatte? Sicher, ich glaube, daß Männer sich vorher schon vorstellen, was für Unruhe solche Launen bringen können. Aber ist es denn gerecht, wenn drei Viertel des Kinos leer sind und die Hälfte des Zuges unbesetzt, nur weil die Administration es so organisiert hat? Oder ist es nur Bequemlichkeit der Beamten? Freud hat, so viel ich weiß, dieses Gerechtigkeitsgefühl nicht weiter spezifiziert. Das Gefühl ist bei den meisten Menschen unterentwickelt, glaube ich, aber ich würde nicht sagen, daß es dabei einen Unterschied der Geschlechter gibt. Ein bißchen Vergnügen haben zu wollen, ohne daß dabei jemandem etwas abgeht, ist doch eigentlich eine gute Eigenschaft. Für viel verrückter und meines Wissens auch noch nicht wissenschaftlich untersucht, halte ich, daß Männer so unangenehm finden, etwas zu tun, das auch zu ihrem Vorteil geschieht – sobald es von ihrer Frau oder Freundin vorgeschlagen wurde. Ist es Eitelkeit oder wollen sie lieber leiden als geleitet werden?

Über die Macht der Gewohnheit

Nur Hohlköpfe und ganz große Geister langweilen sich nie, der Rest muß sich mit dem Gespenst Langeweile auseinandersetzen.

Denn man muß seine Zeit durchbringen, und das geht nicht immer von selbst. Auf die Dauer ist es eine Kunst, weder in Geselligkeit zu ersaufen noch in Einsamkeit zu verdorren. Wer dies kann, führt ein glückliches Leben. Denn er ist zu der Sublimation imstande, die die Mutter aller Sublimation ist: Er bringt Ordnung ins Chaos. Denn das Chaos ist der harte Boden oder, besser gesagt, der Treibsand unter allen Dingen: den Gedanken, den Gefühlen, den Sachen und den Leistungen. Bei der kleinsten Unregelmäßigkeit schlüpft das Chaos durch die Ritzen herein.

Der goldene Weg aus dem Chaos ist die Konzentration. Die ist nicht jedermann und nicht zu jeder Zeit gegeben. Deshalb behandelt dieser Artikel den silbernen Weg: die Macht der Gewohnheit. Das ist der Weg aller Menschen und Tage. Deshalb langweilen sich Kinder und Alte mehr als andere. Kinder, weil sie noch nicht so viel Gewohnheiten besitzen, und alte Leute, weil ihnen ihre Gewohnheiten abhanden gekommen sind. Dem Rest von uns springt das Gespenst erst dann wieder in vollem Umfang in den Nacken, wenn er eines Lebens-Spiels beraubt wurde. Ob es eine Ehe oder eine Anstellung war, je länger das Spiel gedauert hat, desto mehr Gewohnheiten waren damit verbunden. Es müssen neue Gewohnheiten ausgebildet werden, und das ist die Lebenskunst. Wenn es einem gelingt, sofort in eine bessere Anstellung oder eine bessere Ehe umzusteigen, dann hat man die beste Lösung gefunden, dann hat man das Problem mit dem Chaos umschifft.

Die Schwierigkeit ist die, daß Gewohnheiten die Angewohnheit haben, sich unbemerkt, ungesteuert und unbeabsichtigt zu bilden. Das gilt für beide Arten, für die angenehmen und für die unangenehmen, und beide glaubt man, nicht beherrschen zu können. Sie können manchmal nicht nebeneinander existieren, weil ein Tag nach vierundzwanzig Stunden um ist und eine Woche nur sieben Tage hat, und deshalb erneut zum Chaos führen, zu dessen Verhinderung sie ursprünglich entstanden waren. Auf jeden Fall tut der Bruch mit einer Gewohnheit immer weh und ist, wenn man ihn durchführt, ein Fragment des Selbstmords, dieser radikalsten Art von Gewohnheitsbeendigung.

Wie verändert man eine Gewohnheit? X geht mit Y ins Bett und hat dabei Gefühle, die sie von Jahr zu Jahr immer mehr zur Sklavin von Y werden lassen. Sie fühlt sich den Launen und Grillen von Y ständig stärker ausgeliefert und will ihnen entkommen. Aber weil sie ihn nicht verlieren möchte, denkt sie, daß sie nicht ihr Handeln verändern muß, sondern nur ihre damit verbundenen Gefühle. Sie macht also im alten Trott weiter und distanziert sich nur innerlich. Zumindest: Man hört sie jetzt sagen, daß sie sich nichts mehr aus ihm mache und einen andern nehmen werde. Sie denkt das und sagt das, aber sie tut es nicht. Ihr Gefühl von Ohnmacht nimmt dadurch noch zu. Denn Gefühlsgewohnheiten lassen sich nur verändern, wenn man das Objekt wechselt. Das ist der Grund, warum Beziehungstherapien (die man besucht, wenn die Beziehung krank ist) so selten der Beziehung, für die sie gedacht waren, zugute kommen. K und L haben für ihr Verhältnis eine zeitlich begrenzte Notlösung gefunden. Beide suchen nach einer anderen, drastischeren Lösung, aber sie machen einander in der Zwischenzeit das Leben erträglicher. Sie fühlen sich nicht aneinander gebunden, sie unterdrücken einander nicht, sie betrachten sich mit Reserve. Alles ist also bestens geregelt. Eine nette Gewohnheit hat sich gebildet und hindert sie nun, die Lösung zu finden, zu der die Gewohnheit hinführen sollte.

Dies waren Beispiele von Gewohnheiten, die entstehen, wenn zwei Menschen davon betroffen sind. Es geht aber auch nur mit einem. Nehmen wir also an, A möchte ein Buch schreiben, das ist aber nicht möglich, weil er für seinen Job zuviel Zeit braucht. Auf seinen Wunsch hin erhält er zwei Jahre bezahlten Urlaub, um das Buch zu schreiben. Nichts hindert ihn mehr, aber er kommt nicht dazu. Während der ersten beiden Monate findet das jedermann begreiflich: A muß sich an sein neues Leben gewöhnen. Das tut er auch, und er tut es sogar so gut, daß er sich ab dem dritten oder vierten Monat bereits ein Dikkicht von neuen Gewohnheiten zugelegt hat, die ihm die Zeit rauben, die eigentlich für die Arbeit bestimmt gewesen wäre. Es gibt niemanden, der so wenig zu tun hat und der doch so gehetzt ist wie dieser A.

Was ist der Unterschied zwischen einer guten und einer schlechten Gewohnheit? Das ist schwierig zu entscheiden, denn die Gewohnheiten sind miteinander verfilzt, und wenn man eine schlechte aufgibt, dann gehen immer auch ein paar gute drauf. Das weiß jeder, der jemals versucht hat, einen andern zu verbessern. Die beste Gewohnheit ist, keine Gewohnheiten einreißen zu lassen. Denn entweder fliegen die Gewohnheiten weg und lassen dich kahl wie einen Kinderpopo zurück, oder du willst sie abschaffen, und es glückt nicht, weil sie nun einmal die Tranquilizer des Chaos sind. Was ist Freiheit? Freiheit ist, die Gewohnheiten zu wählen, die einen in Fesseln legen.

Über das Bemuttern

Seit ich nicht mehr verheiratet bin, lebe ich im Reich der Freiheit. In meinem Reich geht die Sonne noch unter, aber ansonsten ist meine Herrschaft absolut. Vielleicht wurde ich früher nicht, wie man es nennt, unterdrückt, wohl aber bemuttert. Ich selbst bemutterte auch, was will man, zusammenleben heißt doch bemuttern. Sonst kann man genausogut eine LAT-Beziehung (Live Alone Together) haben (aber die hatten wir schon hinter uns). Das Bemuttern war bei uns einfach chronisch, und das gibt es nun nicht mehr. Keine Gefangene mehr und keine Gefängniswärterin, wie man das im modernen Befreiungsjargon nennt. Herrlich. Und sicher auch zu irgend etwas gut.

Obwohl, nicht für die Gesundheit. Als ich mit siebzehn Jahren das Haus meiner Mutter verließ, beschloß ich, von da ab nur noch zu tun, wozu ich Lust hatte. Ich begann mit dem Essen. Was ich am liebsten hatte und auch bezahlen konnte, waren Karamellen. Ich kaufte jeden Tag ein halbes Pfund und aß sie nacheinander auf. Ab und zu leerte ich auch ein Glas Erdnußbutter. Meine Genüsse waren sehr einfach und bescheiden. Krebse hatte ich noch nie gegessen, Beefsteak war nur für die Reichen (50 cent pro 100 gr.!). Was ich nicht kannte, wollte ich auch gar nicht haben, das Leben war noch farbenfroh, und es war das Jahr 1947. Mit dem Jungen, den ich eigentlich heiraten sollte, hatte ich gebrochen, denn obwohl ich sicher war, nie wieder jemanden von seinem Geisteskaliber zu finden, hatte ich doch Einwände gegen seinen Charakter. Glücklich war ich also nicht, aber jung und gesund: Karamellen und Erdnußbutter und Sehnsucht nach einer Zukunft, die gerade begonnen hatte.

Es dauerte fast zwei Jahre, bis ich eine Magenschleimhautentzündung bekam und zu einer entsetzlichen Diät aus Fisch und Milch verdonnert wurde. Verglichen mit den Familienmahlzeiten war diese Diät ein Straflager. Denn wenn man nicht bemuttert wird, muß man sich selbst bemuttern. Und das ist eigentlich eine unmögliche Aufgabe. Die Karamellenphase liegt schon lang zurück, aber zum zigsten Mal bin ich schon wieder müde, weil ich abends Kaffee getrunken habe und dann die halbe Nacht nicht schlafen konnte. Ich darf abends keinen Kaffee trinken. Früher machte mir das nichts aus, aber jetzt schon. Ich darf auch nicht erst um drei Uhr ins Bett gehen, denn dann bin ich zu müde zum Einschlafen und erwache doch zur gewohnten Zeit. Ich weiß es genau, aber ich vergesse es immer wieder. Zumindest dann, wenn ich es sinnvoll fände, daran zu denken. Denn ich liebe Kaffee, und meine Geselligkeit kennt keine Uhrzeit. Und weil es keinen anderen gibt, der mich auf mein Versagen hinweist, muß ich in mir selbst eine Instanz finden, die mir verbietet, was ich gerne will (Kaffee) und was ich gerne unterlasse (auf die Uhr schauen). In meinem eigenen Lust heischenden Selbst! Meine geschiedenen oder verwitweten Damen und Herren, wie tut man das?

Verheiratete Menschen haben es einfach. (Abgesehen davon, daß sie es schwer haben, aber davon handelt dieser Artikel nicht.) Sie haben immer jemanden an ihrer Seite, der sanfte Bemerkungen macht. Etwa: »Mußt du nicht morgen früh aufstehen?«, oder: »Solltest du nicht lieber Tee trinken?« Bemutterung in Reinkultur, denn durch diese Mahnungen wird man gebremst, und sie sind, unter dem Gesichtspunkt der Würde des Menschen, unerträglich. Es ist ein Segen, wenn man von ihnen erlöst ist, nur traurig, daß mit den Mahnungen nicht auch die Notwendigkeit dazu verschwunden ist.

Im Moment sehe ich in der ehelichen Mahnung nur

Vorteile. Denn wenn der bemutterte Partner nicht gerade ein Spielverderber oder Choleriker ist, der gleich blindwütig reagiert, kann sie (er) sich auf ein Lächeln beschränken (auf ein eheliches Lächeln) und zur Gastgeberin sagen: »Du siehst, wir müssen gehen!« Er wäre noch gern geblieben, denkt die Gastgeberin, oder »Ohne das Getue dieses Widerlings wäre sie nicht so früh gegangen«. Der Bemutterte hinterläßt in einem solchen Fall einen angenehmen, umgänglichen Eindruck. Er ist ein rücksichtsvoller Mensch, der seiner Frau Rückendeckung gibt, und sie ihm auch. Aber ohne diese Gedächtnisstütze muß man vernünftig sein in bezug auf sich selbst. Dabei ist es soviel einfacher, vernünftig in bezug auf einen anderen zu sein. Das ganze Problem der Vernunft läßt sich – genau wie das Haushalten und Geldverdienen – besser arbeitsteilig lösen als durch einen einzelnen.

Natürlich ist es störend, wenn die Sonne lacht und das Frühjahr lockt und dann jemand einem zuruft: »Solltest du nicht den Mantel nehmen?« Aber was ist das für eine Freiheit, keinen Mantel anzuziehen und eine Lungenentzündung zu kriegen und drei Wochen im Bett bleiben zu müssen? Die Wahrheit ist, daß die Freiheit, die richtige, himmlische Freiheit uns auf dieser Erde nur stundenweise gewährt wird. In der restlichen Zeit herrschen eiserne Gesetze, und wer die Zähne nicht putzt, der verliert sie.

Der Alleinstehende, der Unbemutterte, erhält sich deshalb nur dadurch, daß er sich spaltet: in das eigentliche Selbst, das vom uneigentlichen Selbst kontrolliert wird. Es würde im Innern ein grauenvolles Gekeife losbrechen, wenn nicht das eigentliche Selbst die verblüffende Fähigkeit hätte, das Uneigentliche schlichtweg zu verdrängen, bis man in der Tinte sitzt und sich selbst beschuldigt.

Wo nicht mehr bemuttert wird, muß auch nicht mehr dagegen protestiert werden. Aber etwas geht immer schief, und stets weniger ist es dir gegeben, die Schuld einem andern in die Schuhe zu schieben.

Wo bleibt das Rätsel?

Wir Frauen mystifizieren die Männer. Natürlich nicht alle Männer. Wenn sie uns gleichgültig sind, oder wenn wir glauben, über sie verfügen zu können, sind sie keine Mysterien, aber der scheidende oder bereits verflossene Geliebte ist in den Jahren unserer Befreiung und Emanzipation das Symbol für das Wesen Mann, die Sphinx, das Rätsel.

Das Rätsel Frau, über das man im letzten Jahrhundert geschrieben hat, wird nicht mehr erwähnt, das ist anscheinend im Laufe unseres Jahrhunderts gelöst worden. Schade. Es kommt, denke ich, davon, daß es zu viele Frauen gibt. Aber warum eigentlich? »Wir haben ja nicht einmal Krieg gehabt«, rief Natalie unlängst am Küchentisch aus. Ja, wie ist das wohl in Ländern, in denen sie als Soldaten scharenweise umkommen, und wieso sind Männer auch bei uns, wo sie nicht getötet werden, eine Rarität? Darüber unterhielten wir uns zum soundsovielten Male, denn dieses Thema ist immer wieder virulent, da die Natur Natalie mit diesem Problem konfrontiert und sie deshalb Eile hat. Sie kann zwar noch fünfzig Jahre und länger leben, aber ihr Wunsch-Baby sollte sie doch in den nächsten fünf Jahren kriegen, und dafür sucht sie einen hübschen, netten, intelligenten, geistreichen, kurz gesagt, idealen Vater.

Wenn sie nun von dem einen oder einem andern ungetreuen Geliebten ein Kind bekommen hätte, dann wäre das Problem gelöst und ihr Leben wäre wieder so uneingeschränkt wie meines. Aber ihr Kind muß noch gebastelt werden, und die Situation ist, was die Männer anbelangt, so, wie sie immer zu sein scheint: hoffnungslos. (Schöne, intelligente, ungebundene Mädchen haben immer Freunde unter ihrem Niveau, sonst wären sie nämlich nicht mehr ungebunden, sondern in Ehe, Konkubinat oder LAT-Beziehung.) Bedauernswerte Männer, die man mit etwas gutem Willen noch für unbegreiflich halten könnte, aber rätselhaft, nein!

Älter geworden und in stärkerem Maße Zuschauerin als früher, höre ich, wie meine jüngeren Freundinnen meine eigenen früheren Betisen wiederholen. Marga und Frederik sind auseinander. Das hätten sie gemeinsam beschlossen, sagte Frederik, aber Marga hatte es doch sehr viel weniger beschlossen als Frederik, wie bald deutlich wurde. Sie treffen einander noch regelmäßig, und es ist immer sehr nett, nur, sagt Marga, es stelle sich heraus, daß Frederik so ganz anders sei als sie. Es ärgert ihn zum Beispiel, daß sie so unglücklich ist, er hat dafür kein Verständnis. Marga dagegen würde es absolut nicht schlimm finden, wenn Frederik unglücklich wäre. Aber er ist es nicht. Sie haben zwar beide zueinander gesagt, sie hofften, daß alles wieder in Ordnung komme und es zwischen ihnen »genau so wird wie früher«, aber was Marga betrifft, ist dieser Moment schon längst da, während Frederik so merkwürdig vage über die Zukunft spricht. Männer sind anders, schließen wir daraus, vor allem Frederik, der jedoch ein sehr spezieller Fall zu sein scheint, Männer können in so einem Fall ruhig abwarten. »Aber sehnt er sich nicht nach dir?« frage ich. Marga hat ihn, sagt sie, das auch gefragt. Aber, ja, er mußte darüber erst nachdenken, »er sagt, daß er dies Gefühl nicht kenne«. Vielleicht ist es eine dieser Arten von Gefühlsarmut, davon hört man doch gegenwärtig so viel. Ich muß an Pierre denken, der früher mit Natalie befreundet war und dann auf einmal gleichzeitig noch eine Freundin hatte. »Du liebst also«, sagte ich, »beide gleich? Aber das ist doch eigentlich unmöglich. Eine mußt du doch etwas mehr lieben?«

Nein, also bei Pierre war das ganz anders. Was er mit der einen hatte, stand auf einem andern Blatt als das, was ihn mit der andern verband. Ich versuchte ganz erwachsen und psychoanalytisch dreinzuschauen, aber auch das nützte nichts. Unerschütterlich erklärte er uns, daß er nun einmal anders sei als wir. Er selbst hatte nichts gegen sein Verhalten einzuwenden, und ich hatte nur, genau wie Natalie, völlig veraltete Auffassungen. Er liebte seine beiden Freundinnen gleich stark, aber jede anders. So wie man gern Kartoffeln *und* Erdbeeren mit Schlagsahne ißt. Ich habe es unterlassen, nachzufragen, wer die Erdbeeren mit Schlagsahne seien, denn ich war nicht sicher, ob es für meine Freundin gut geendet hätte.

Hypnotisiert wie Kaninchen starren die armen Mädchen auf das Rätsel ihrer entschlußlosen, ganz oder noch nicht ganz weggelaufenen Geliebten. Wie anders sind die Männer, wie männlich sind sie doch, wie erheben sie sich doch über unsere schwachen Gefühle! Vielleicht sind sie auch nicht ganz normal, vielleicht sind es eher Fälle für den Psychiater, wenn man es genau nimmt, aber es ist doch unendlich viel interessanter, so ein Fall zu sein, als immer nur zu heulen.

Und wie froh bin ich, daß ich im Moment nicht zu den Betroffenen gehöre! Ich kann diese Rätsel verbreitenden Typen schon so gut nachmachen, daß meine traurigen Freundinnen darüber laut lachen müssen. Denn es ist natürlich, wie Sie bestimmt schon lang gemerkt haben, alles der bare Unsinn! Zu einem Rätsel gehören nämlich zwei, einen, der es spielt, und den anderen, der es rätselhaft findet. (Dies gilt auch für das bekannte psychiatrische Rätsel, das double-bind heißt, da braucht es auch immer zwei.) Denn es gibt überhaupt kein Rätsel und auch keinen Unterschied zwischen Mann und Frau, nur ein ungleiches Machtverhältnis. Der eine teilt den Schlag aus und der andere empfängt ihn. Wer austeilt, hat die Macht und kann dabei vage sein und entschlußlos, und »einer, der die Zukunft seelenruhig abwarten kann«, wie man so sagt, aber nur solange der Düpierte bereit ist, das alles zu glauben und sehr rätselhaft zu finden. In Wirklichkeit sind die Rätselhaften nur feige. Seien wir ehrlich, wir alle haben schon jemandem einen Stoß versetzt, aber waren wir dabei vage und kompliziert? Nein, wirklich nicht, wir sagten deutlich, worum es ging, wir erlösten unsere Opfer von ihren Leiden, auch wenn das unangenehm für uns selbst war. Wir waren doch nicht so feige. Nicht wahr, wir waren feinfühlig!

Damit wollte ich eigentlich aufhören, aber am nächsten Tag las ich Maaike Meijers Rezension von vier Frauenbüchern (in der *Volkskrant*). Vier Verrisse. »Bücher, die sie in den Papierkorb werfen wollte, aber *nicht nachdem* ich Sie an meiner Wut habe teilnehmen lassen.« (Diese völlig unverständliche Wendung liest man neuerdings häufiger, wahrscheinlich ein Anglizismus. In Anbetracht der betreffenden Wut, oder was immer auch sonst gefühlt werden mag, wird mit »*nicht nachdem*« zweifellos »*nicht bevor*« gemeint. Wenn man sich das dabei denkt, wird das Folgende besser begreiflich, obwohl zu sagen wäre, daß man bei einem Autor, der so gegen die Logik verstößt, lieber auf die Fortsetzung verzichten sollte.) Alle vier Bücher handeln von sexueller Erniedrigung und Hörigkeit, und M.M. verdächtigt den Verlag, die Arbeiderspers, sie ausschließlich wegen ihres Pornoappeals veröffentlicht zu haben, auch wenn er sie unter der Flagge »Feminismus« vom Stapel ließ. Ich meinerseits habe aber M.M. in Verdacht, daß sie diese Bücher nur deshalb so verwerflich findet (»Buchdreck«), weil sie von Heterosexualität handeln. Denn wie Kate Millett, die sie zitiert, denkt M.M., daß Sklaverei, Erniedrigung und Unterwerfung in der Liebe abzuleiten sind aus der Tatsache, daß Männer Unterdrücker sind und Frauen gelernt haben, sich ihnen zu unterwerfen. Da hat sie Unrecht. Eros persönlich erregt Abhängigkeit und damit Rätselhaftigkeit. Wenn ich lesbisch wäre und eine Frau, die mir den Schlag versetzt hat, geliebt hätte, würde ich dieses Weib genauso »bewundern und beneiden«, wie wenn es ein Mann wäre, und ich würde mir von ihr ebenfalls mein »Selbstbild diktieren lassen«. Hoffen tu' ich es zumindest sehr. Die homosexuelle Liebe wird doch nicht lahmer, zahmer und süßlicher sein als die heterosexuelle? Sie werden doch – genau wie wir – von der Lust getrieben! Wenn sie gekitzelt werden, lachen sie nicht? Wenn sie vergiftet werden, sterben sie nicht? Wenn sie geschlagen werden, rächen sie sich nicht?

Kleine Unterschiede

Dick Hillenius ist ein Mensch, der so schreibt, wie er redet. Das tun auch andere. Deshalb muß ich präzisieren: wie wenn er zu jemandem sprechen würde, der bei ihm ist, dem ein einziges Wort anstelle der üblichen sieben genügt, jemand, der ihm vertraut und der nicht dümmer ist als er. Wahrscheinlich ist er selbst sein Gegenüber. (Ganz selten nur schreibt er etwas für ein Publikum, dem etwas, meistens der Darwinismus, erklärt werden muß. Er kann in solchen Fällen den Leser nicht als seinesgleichen behandeln und ist darum nicht ganz at his best.) Er schreibt also Fragmente, sogenannte »Kleine Ideen«, ohne Einleitung oder Abrundung. Sein Stil ist typisch für das, was ich unter gebildet verstehe, keine Schreibe, und ohne die Luft, mit der so viele ihre mageren Gedanken aufblasen.

Ich habe das Wort »gebildet« schon einmal verwendet, für die Huizinga-Rede von Karel van het Reve, zum äußersten Mißvergnügen von Leuten wie Carel Peeters und H.A. Gomperts, aber ich bleibe dabei. Die beiden Schriftsteller gleichen einander, auch in ihrer Vorliebe für die fragmentarische Form. Es gibt in Holland keine Essayisten, die gediegener schreiben als diese beiden. Es ist immer ein Vergnügen, etwas von ihnen zu lesen.

Das *Hollands Maandblad* brachte gerade wieder so eine Fragment-Serie von Hillenius, darunter war eines über den Unterschied von Mann und Frau. Er stellt zuerst fest, was gleich ist (das Gehirn), dann, was sie unterscheidet (die Hormone und der »Apparat«, dadurch auch die Kultur), und sagt dann, daß er erwarte, daß, allen Veränderungen zum Trotz, die Unterschiede weiter bestehen bleiben. Er selbst wünscht sich auch nichts anderes. »Ich selber bin in so guter Form, daß ich die vollständige Homogenisation gar nicht möchte. Ich liebe frauliche Frauen und mütterliche Mütter. Vielleicht habe ich nur väterliche Väter und männliche Männer nicht so gern.« Er definiert nicht, was er mit seinen Adjektiven meint, was ich gut finde. Denn man kann sich noch so gelehrt darüber auslassen, es bleiben doch willkürliche, persönliche Assoziationen. Meine sind deshalb auch anders als seine. Einen väterlichen Vater stelle ich mir nun gerade wahnsinnig nett vor – eine mütterliche Mutter auch, aber es berührt mich weniger. (Bei Müttern hört die Geduld früher oder später auf, fürchte ich.) Ein männlicher Mann, das hat für mich etwas Rührendes, etwas, das man nicht ganz ernst nehmen kann, das aber auf alle Fälle nichts mit »machismo« zu tun hat, was auf spanisch »Angeberei« heißt. Eine frauliche Frau dagegen? Gibt es das überhaupt? Woran merkt man das? Bis vor kurzem nahm ich an, als Frau könne man dies nie erkennen.

Aber als mich neulich ein Mann, der davon gerührt war, darauf aufmerksam machte, sah ich es tatsächlich auch.

Einmal wöchentlich esse ich mit einer Frauengruppe in einem Amsterdamer Klub. Es sitzen auch immer ein paar Herren mit am Tisch, denn wenn man kein Prinzip daraus macht, gerät eine Dame von selbst in Herrengesellschaft. Aber es bleiben überwiegend Irrläufer. Ich hatte eine Schachtel mit herrlichen Pralinen mitgebracht, Stück für Stück waren sie eingewickelt in glänzende Papierchen von unterschiedlicher Farbe, ein prächtiger Anblick. »Ein Nachtisch«, sagte ich. Zwei Damen unserer Gesellschaft beugten sich begeistert darüber. Beide schön, jung, lustig und dunkelhaarig, waren sie voll damit beschäftigt, zu wählen und hin und her zu überlegen, welches sie wohl nehmen sollten. »Schau mal an, richtige Mädchen!« sagte der neben mir sitzende Herr. Dadurch sah ich es auch, und mir fiel auch plötzlich ein, was das Nette an fraulichen Frauen ist. Die Natur hat mir dafür zu wenig scharfe Augen geschenkt.

Wenn man aber diesen hübschen Anblick als »weibliche Eigenschaft« verallgemeinern will, dann geht die Rechnung nicht auf, es wäre auch zu blöd. Das gleiche gilt natürlich auch für männliche Eigenschaften. Vor etwa fünfzehn Jahren machten wir Autostopp in Frankreich und landeten abends in einer uns unbekannten kleinen Stadt. Wir machten einen Spaziergang. Auf dem Rückweg imponierte mir mein Freund sehr damit, daß er genau wußte, was kommen würde: »Jetzt kommt ein rosa Haus, an der nächsten Ecke steht ein Baum, und dann kommen wir wieder an der Fabrik vorbei.« Da für mich ein Weg mindestens vier Gesichter hat - der Hinweg, der Rückweg, der Weg am Tag, der Weg im Dunkeln -, überkam mich nach diesem Tag, der leider voller Streitereien gewesen war, Respekt vor dem Männlichen.

Imponierend finde ich auch die Gabe, vor dem Einschlafen hinter den geschlossenen Lidern sehr deutliche Landschaften zu sehen, seien sie aus der Erinnerung oder imaginär. Wenn dir jemand so etwas schildert, dann begreifst du erst, daß du ein fremdes Wesen an deine Brust drückst. Oft denke ich, daß die Liebe diese Wahrnehmung des Unterschieds braucht, weil sie das Geheimnis vergrößert. Genauso oft kommt es mir vor, als wäre gerade die Übereinstimmung förderlich, weil sie die Intimität vergrößert. Es gibt keine allgemeine Regel, fürchte ich. Beide Gedanken sind aus brennbarem Material.

Es gibt auch viele neutrale Unterschiede. Ein Mann zieht seinen Pullover anders aus als eine Frau. Er zieht am Rückenteil, anstatt mit gekreuzten Armen am unteren Rand anzufangen. Bekannt sind auch die Unterschiede beim Anzünden eines Streichholzes und beim Ballwerfen. Ein anderer Unterschied, der Landesgrenzen überwindet, wird von Tucholsky beschrieben: »Gib ihnen Nadel und Faden. Männer werden die Nadel über den Faden stülpen und Frauen den Faden in das Nadelöhr stecken.« Nachdem ich das vor ein paar Jahren gelesen habe, habe ich es oft ausprobiert, und es scheint auch in Holland so zu sein, Frauen stecken, Männer stülpen. Warum das? Tucholsky fragte sich das auch und hatte den Takt (den ich offenbar gar nicht habe), nicht zu sagen, daß man aus biologischen Gründen das Umgekehrte erwarten würde. Ein markanter Unterschied ist auch der Weinkrampf. Vielleicht ein kultureller Unterschied, in Samoa läuft es sicher ganz anders. Aber das nützt uns in Amsterdam wenig. Einem Mann kommen schon auch Tränen, und ein trockener Schluchzer ist auch drin, aber das richtige Schluchzen und jammernde Ausholen, die überflüssigen Weinkrämpfe, das gibt es bei den Männern nicht. Wahrscheinlich ist das physiologisch. Vor ihrer Pubertät weinen die Jungen auch, aber wenn der Bart wächst, trocknen die Tränendrüsen aus, selbst beim modernen Mann von heute, der in Erfahrungsgruppen geht und »echte Gefühle haben« lernt: eine Träne läßt er rollen, aber so ein richtiges befreiendes Weinen, nein. Heulen ist eine Gabe. Bei mir hat sie auch drastisch abgenommen. Hornhaut auf der Seele oder ein Bart im Gesicht? Colette schrieb, daß sie in einem bestimmten Alter (certain âge) das Heulen aufgegeben habe, sie hat es als Unsauberkeit betrachtet. Aber Colette hat sich oft willenskräftiger geschildert, als sie eigentlich war. (Es ist aber anzuraten, wenn man älter wird, denn das Kissen unter den Augen verschwindet nicht mehr nach einer Viertelstunde, es ist am nächsten Tag noch zu sehen.)

Ich vergaß eine der liebenswertesten männlichen Eigenschaften. Nämlich, zu begreifen, wie eine Fahrradpumpe, ein Fernseher, ein Motor oder ein Scharnier funktionieren. Es gibt Männer, die einem erklären können, wie es dazu kam, daß es das Ding nicht mehr tut, aber es gibt auch welche, die finden, daß man mit Erklärungen nur Zeit verschwendet, und die die Sache einfach reparieren. Ein richtiger Mann, denke ich dann und beeile mich, einen Teller Suppe oder eine Tasse Kaffee zu machen. Und so entstehen frauliche Frauen!

Die Schachtel mit den übriggebliebenen Pralinen nahm ich wieder mit nach Hause. Inzwischen sind sie aufgegessen. Aufgegessen von zwei Männern. Einer war siebzehn und der andere etwa vierzig. Sie haben diese Pralinen gedankenlos und während eines Gespräches nach und nach in sich hineingestopft. Sie schauten nicht hin, und sie zweifelten nicht, sie aßen sie einfach auf. Schleckmäuler.

Ein Mann aus Singapur

Es gibt Städte, bei denen es nichts ausmacht: London, Den Haag, New York, man kann sie zur Kenntnis nehmen. Aber in anderen Städten: Paris, Amsterdam, Hongkong, muß man zu zweit sein, sonst irrt man sinnlos herum und vermißt die andere Hälfte. Ich war in Hongkong und mußte sechs Stunden warten, bis mein Flugzeug nach Frankfurt ging. Ich war bereits den dritten Tag da und hatte – was mich betraf – alle gesprochen und alles gesehen. Ich wollte nach Hause, obschon da auch niemand auf mich wartete, aber so konnte ich wenigstens diesem Einzelzimmer im Hotel entkommen, das, wie üblich, in der Ecke lag, mit der Aussicht auf einen Innenhof mit geparkten Autos, in dem eine Kühlmaschine oder die Klimaanlage (jedenfalls etwas in dieser Art) Tag und Nacht raste. Es stand ein kleiner Schreibtisch drin mit drei widerborstigen Schubladen, in denen nur ein Neues Testament lag. Auf dem Tisch waren drei Broschüren, eine mit Stadtplänen und Adressen von Nachtclubs, Restaurants und Sehenswürdigkeiten (der Park, der andere Park, die Seilbahn, die andere Insel) und zwei mit Photos von Damen, die einem auf telephonischen Anruf hin sofort Gesellschaft leisten würden. Man konnte alle Typen und Rassen haben: asiatisch, europäisch, in Kostüm, Abendkleid oder ganz nackt. Escort Service. Ein Mann braucht nie allein zu sein.

Es war zwölf Uhr, und es regnete, mein Flugzeug sollte abends um sechs fliegen. Weil ich zu den sparsamen Leuten gehöre, hatte ich mein Zimmer bereits geräumt und meine Koffer an der Rezeption abgegeben. Ich überlegte, was ich tun könnte. Ich konnte in der Empfangshalle sitzenbleiben, Zeitung lesen und dabei verstohlen den reisenden Kaufleuten und Ehepaaren zuschauen. Oder ich konnte in die Cafeteria gehen und von dort in die Bar oder in einen Saal mit Aussicht Richtung Sonnenuntergang, wo ein kleines Orchester aufspielte. Überall saßen Leute, die sich unterhielten. Es war auch möglich, eine Karte für eine Stadtrundfahrt zu lösen. Eine fürchterliche Unternehmung, sicher, aber man konnte alles sehen und dabei sitzen bleiben. Die ganze Geschichte würde drei Stunden in Anspruch nehmen, es schien mir eine gute Lösung. An einem Schalter in der Halle kaufte ich mir die Karte. In einer Stunde würde der Bus vor dem Hotel abfahren. Weil meine Zeit dadurch knapp geworden war, wurde sie mir teuer, und ich bekam wieder Lust, in die Stadt zu gehen, um zum Abschied noch Souvenirs zu kaufen. Draußen war es trüb. Es hatte aufgehört zu regnen, aber ein Vergnügen war es in dieser Stadt - mit ihren märchenhaften Versprechungen - denn doch nicht. Ich schlenderte noch etwas am Meer entlang, kaufte eine Schachtel chinesische Zigarren und war schon wieder auf dem Rückweg, als mich jemand ansprach. Es war ein großer, nicht ausgesprochen asiatischer, aber auch kein europäischer Mann, der wissen wollte, ob ich mich für Yoga interessiere. »Nein«, sagte ich, »es tut mir leid, aber ich weiß nichts über Yoga.« »Schade«, sagte der Mann, »denn Yoga ist sehr wichtig. Darf ich es Ihnen erklären?«

Er blieb an meiner Seite. Er hatte eine weitschweifige, ziemlich feierliche, auf jeden Fall exotische Manier beim Reden, eine amerikanisierte Reiseführersprache. »Ich habe noch eine Stunde Zeit, wir können in der Halle meines Hotels darüber reden«, schlug ich vor, »aber dann muß ich los, um die Stadt zu besichtigen«, und ich zeigte ihm meine Karte. »Ich kann Ihnen sehr viel darüber erzählen, es wird Sie sicher interessieren«, meinte der Mann zuvorkommend. Er sagte, daß er Jacob heiße, und ich sagte, daß ich aus Holland komme. Wir setzten uns in die Ledersessel im Hoteleingang, wo die Ehepaare ein- und ausgingen. »Ich werde Ihnen erklären, worum es uns, beim Yoga, überhaupt geht. Letztes Jahr haben meine Freundin und ich in Österreich eine Landsmännin von Ihnen kennengelernt. Genau wie Sie kannte sie Yoga nicht, aber wir haben sie eingeladen, mitzumachen. Mit ihr hatten wir eine Sitzung, die acht Stunden dauerte und zur totalen Entspannung und Harmonie führte.« »Aber was tun Sie«, fragte ich, »was geschieht bei diesen Sitzungen?« »No sex«, sagte Mister Jacob sehr entschieden. »Nein, sicher nicht«, warf ich hastig ein. Ich wollte natürlich so etwas keinesfalls suggerieren. Mister Jacob war jedoch noch nicht beruhigt und erklärte: »Sex führt zu Aufregung, uns geht es genau um das Entgegengesetzte, wir bezwecken keine Aufregung, sondern das Gegenteil: die totale Entspannung. Sex hat eine übertriebene Bedeutung erhalten, der moderne Mensch denkt immer daran, aber Sie müssen das aus Ihrem Kopf verbannen. Haben Sie schon einmal etwas von Vibration gehört?« Fader, pompöser Guru! Ich hatte tatsächlich schon von Vibrationen gehört, man hatte gute und schlechte – das war ein Gespräch von der Art, die mich vor Langeweile immer schon vibrationslos gelassen hatte.

»Aber was tun Sie denn, während diesen Sitzungen?« fragte ich, »wird da nur geredet?« »Ja, es wird auch geredet«, sagte der Herr Jacob, »aber man berührt einander auch. Beim letzten Mal sind wir Hand in Hand nach einer zweistündigen Sitzung eingeschlafen, und erst acht Stunden später, völlig erfrischt, wieder erwacht.« Er sprach noch von anderen Sitzungen, aber es blieb vage, ich war zu faul, um genau zuzuhören, und paßte erst wieder auf, als er sagte: »Nichts Künstliches, kein Make-up, auch keine Uhren, die müssen wir immer ausziehen.« »Auch die Kleider?« fragte ich. »Ganz wie Sie wollen«, sagte der

Yogalehrer. »Sie können Ihre Kleider anbehalten oder ausziehen, ich kann mich vollständig entkleiden oder die Unterhose anbehalten.« Das wurde mir zuviel. »Nein, zum Kleider ausziehen, da eigne ich mich nicht. Außerdem kann ich dieses totale Entspannen nicht. Ich habe einige Male Stunden genommen, aber ich kann es nicht. Sie müssen es mir nicht übelnehmen, aber ich habe kein Gefühl für östliche Mystik, ich bin viel zu westlich dazu.« »Das weiß ich«, sagte Herr Jacob in seiner pontifikalen Art, »Sie sind dieser Typ, aber gerade diese Typen können eine unerwartete Seite ihres Ichs kennenlernen, wir haben das immer wieder erlebt. Es bleibt jedoch vollständig Ihnen überlassen, wir zwingen niemanden.« Ich nickte zustimmend, unter Zwang würde das alles sowieso nicht funktionieren. Ich suchte die Karte, die ich gerade noch gehabt hatte, sie war nicht in meiner Tasche, nicht in meiner Jacke, nicht unter dem Sessel, wo hatte ich sie nur hingetan? Mister Jacob schaute abgeklärt meinem nervösen Suchen zu. »Und doch würde ich es Ihnen in diesem Moment empfehlen«, sagte er, »weil Sie durch den Verlust Ihrer Karte gerade jetzt in unangenehme Spannungen geraten sind, die ungesund sind und eine totale Entspannung verlangen.«

Er war kein häßlicher Mann, nur seine Art zu sprechen war unangenehm, das war alles. »Ich kann keinesfalls riskieren, daß ich in einen achtstündigen Schlaf falle, ich habe das Hotel schon bezahlt, und um sechs geht mein Flugzeug. Acht Stunden, das ist unmöglich«, sagte ich. Es muß richtig flehentlich geklungen haben.

»Sie werden zeitig zurück sein«, sagte Mister Jacob und verbreitete sich über den Frieden, der auf mich wartete, über die Gehetztheit des modernen Menschen, die geheimen Kräfte der Natur, die im Westen nicht verstanden werden. Am Hoteleingang hatte sich ein Grüppchen sauer dreinblickender englischer Damen versammelt. Ich dachte an die entspannende Kaffeepause, die der Fahrer dort, wo er die höchste Provision kriegt, einlegen würde. Auch an den Halt, der in einem Park für die »Liebhaber der Photographie« empfohlen werden würde. All dies würde ein Tiefpunkt in meinem traurigen Dasein werden, aber ich konnte mich doch auch schlecht noch weiter mit diesem Idioten einlassen. Auf keinen Fall das eine, und auf keinen Fall das andere, das war die Frage. Ich erhob mich und sagte: »Gut, ich werde meinen Bus sausen lassen, aber Sie können sich jetzt schon auf eine Enttäuschung gefaßt machen, denn ich kann mit östlicher Mystik nichts anfangen.«

Auch der Herr Jacob ließ sich nichts anmerken. »Sie werden sicher Dinge erleben, die Sie nicht kennen«, sagte er, »aber Sie müssen mir versprechen, daß Sie nichts tun, wozu Sie keine Lust haben.« Das schien mir ein nettes Angebot.

Wir nahmen den Bus, nicht den Touristenbus, sondern den üblichen Linienbus ans andere Ende der Stadt. Mister Jacob hatte dort eine Wohnung von einem Freund geliehen, der auf Reisen war, denn er selbst wohnte eigentlich in Singapur und war hier auch nur in den Ferien. Er nahm bereits alle möglichen Fragen, die in mir aufsteigen konnten, vorweg. »Das Resultat ist oft schon in zehn Minuten da«, sagte er, und zählte der Reihe nach alle Entspannungszonen auf: erst seine Arme, dann seine Beine, dann sein ganzer Körper. »Meine Freundin kann mich dann gut rasieren.«

»Rasieren«, hatte ich das Wort richtig verstanden? »Leider ist meine Freundin vor vier Wochen abgereist. Ich bin sehr behaart und nun schon seit vier Wochen nicht rasiert. Aber durch diese totale Entspannung beim Rasieren ist mein Haar seidenweich geworden, Sie können es ja dann selber feststellen.« Es war klar, daß er nicht auf seine gut rasierten Wangen hingewiesen hatte. Anderes Haar also.

»Nehmen Sie eigentlich öfter jemanden mit?« fragte ich. Ja, wirklich, regelmäßig. Gerade kürzlich noch einen jungen Mann, einen Schweizer. Aber das war kein Erfolg, denn der Mann war auf Sex aus. Ein totales Mißverständnis. Sehr gut gegangen war es dagegen mit einem Ehepaar aus Australien, das die richtige Einstellung hatte. Er hat ihnen, und sie ihm, ein beautiful feeling gegeben. Wir näherten uns dem Stadtrand. Die Häuser, immer noch aus Beton, sahen schmutzig aus, Neubauten, die schnell alt werden. Wohnsilos für den einfachen Mann mit seiner winzigen Wohnung. Alle Häuser waren hier hoch. Viel zu viele Menschen und zu wenig Land. Und jeden Tag neue Flüchtlinge. »Dies alles wird eines Tages zusammenbrechen«, sagte ich, »sie sind ja alle total von der Umwelt abhängig, sie haben keine militärische Macht und kein Öl, ja nicht einmal eigenes Trinkwasser.« Mister Jacob sah es nicht so negativ: »Die Natur«, meinte er, »wird für alles sorgen. Die Natur stellt das Gleichgewicht immer wieder her. In der Natur geht alles immer auf und ab, auf und ab, auf und ab.« Er war sicher sexy, dieser Mann.

Seine Wohnung schien die oberste im Block zu sein. Es war darin, wie ich befürchtet hatte, kalt. Ein kleines Wohnzimmer mit einem Kalender an der Wand, ein Photo von einem Teller voll Würstchen und Erdbeeren, eine Zeitschrift für Nudisten auf einem unordentlichen Tisch mit Kaffeetassen, Aschenbechern und Tellern. Die Tür zum Schlafzimmer stand offen, dahinter war ein Badezimmerchen. »Sie möchten sicher duschen, ich werde inzwischen Kaffee machen«, sagte der Herr Jacob.

Geduldig wie ein Schaf begab ich mich ins Badezimmer, beschloß unter der Dusche, nicht hintanzustehen in östlicher Unkonventionalität, und zog, anstelle meiner Kleider, einen Bademantel an, der an einem Haken an der Türe hing.

Anscheinend war Mister Jacob doch ein klein wenig

aus dem Gleichgewicht gebracht worden, weil ich im Bademantel aufgetaucht war und er nicht wußte, ob ich darunter noch etwas anhatte. Er verlor jedenfalls etwas von seinem Eifer, vergaß den Zucker, holte ihn, erhob sich noch einmal für die Milch, machte Anstalten, eine zweite Tasse Nescafé zuzubereiten, zupfte an seiner Krawatte und lief nervös vom Wohnzimmer ins Schlafzimmer und zurück. Ich zündete eine Zigarette an, trank meinen Kaffee, knabberte an einem Kekschen und lobte die Umgebung. Ich begann wieder etwas Land zu sehen.

Nach weiterem Hin- und Herlaufen sagte Mister Jacob: »Gut, ich werde mich nun in das andere Zimmer zurückziehen, und Sie müssen sich in Gedanken auf das vorbereiten, was Sie tun werden.« Er zog sich zurück, und ich betrachtete die Flasche Lebertran, die Kleenex, das kleine Radio und die Würstchen mit den Erdbeeren. Mister Jacob erschien wieder und war noch immer angezogen. »Haben Sie sich schon in Gedanken vorbereitet?« Ich bedauerte höflich, denn ich hatte, erklärte ich wahrheitsgetreu, keine Vorstellung von dem, was kommen sollte. »Ich will es Ihnen sagen. Wenn Sie, nachdem ich Sie gerufen habe – wie war doch wieder Ihr Name –, eintreten, werden Sie mich sitzend vorfinden. Ich werde vollständig entkleidet sein. Sie müssen sich dann vor mich hinstellen und ihren Bademantel ausziehen. Darauf erhebe ich mich, und Sie müssen mit der Vorderseite beginnen. Zuerst müssen Sie meinen Kopf streicheln, dann meine Brust, aber nur bis hierhin (er zeigte auf seine Rippen), denn Sie müssen meine private parts umgehen, die sind zu empfindlich, dann die Außenseite meiner Beine, dann die Innenseite. Dies müssen Sie alles sehr sanft tun, und Sie werden dabei fühlen, wie ich mich entspanne. Dann sagen Sie zu mir, daß ich mich umdrehen soll, und Sie streicheln meinen Rücken. Auch die Innenseite meiner Beine. Mein ganzer Körper wird dann willenlos werden, ich werde vielleicht

leicht betäubt und falle auf das Bett, aber Sie können ruhig weiter streicheln. Dies alles wird mehr als eine Stunde dauern. Sie werden dadurch auch selbst in die richtige Stimmung versetzt. Wenn es Ihnen dabei kalt wird, müssen Sie Ihren Bademantel wieder anziehen. Anschließend müssen Sie mich massieren. Das tun Sie, indem Sie Ihre Daumen leicht auf meinen Nacken drücken und in meine Achseln und Kniekehlen. Darauf werde ich Sie behandeln.«

»Eine ganze Stunde?« fragte ich niedergeschlagen. »Mindestens eine Stunde«, sagte der Herr Jacob. »Und Sie tun nichts?« »Doch, doch, mit der Zeit werden meine Hände Sie ganz spontan berühren und meine Lippen vielleicht auch. Aber wenn ich etwas tue, was Sie nicht mögen, müssen Sie es sofort sagen.« Er war wieder durch und durch der höfliche Yogalehrer, aber meine Phantasie wurde dadurch nicht angekurbelt. Die ganze Geschichte kam mir vor wie ein Examen. Ich würde mir die Reihenfolge nicht merken können und mich eine Stunde lang abquälen, ohne Sex, der ja nur Aufregung bedeutet – auf der Suche nach etwas anderem, für das ich keine Sympathie habe. Ein lächerliches Unterfangen; immer schon hatte ich mich abgestoßen gefühlt von rhythmischer Gymnastik mit Tambourin und Atemübungen.

Er zog sich nun tatsächlich zurück. Aber er erschien sofort wieder, mit einer Büchse Babypuder. »Diesen Puder können Sie vielleicht in einem späteren Stadium verwenden, wenn Sie das Bedürfnis haben, meinen Penis zu streicheln. In einem späteren Stadium, natürlich.« »Schon recht«, sagte ich. Ich war nun einmal in diese idiotische Situation geraten und würde mich schon durchschlagen. Exit Jacob.

Nach einem Weilchen rief er: »Come in!« Mit der Büchse Babypuder trat ich ein. Er saß, wie versprochen, ganz entblößt, auf dem Bett, den Kopf gebeugt, die Hände auf den Knien. Ein brauner, tatsächlich recht behaarter Mann: nackt, fremd und fern. Was soll man in so einem Fall tun? Ich hatte die Anweisungen schon vergessen und setzte mich zu ihm, erinnerte mich dann doch an meine Aufgabe, zog den Bademantel aus und wies ihn an, aufzustehen. Da stand er nun, und ich tat, wie geheißen, nur daß ich seinen Kopf (das fand ich zu intim) und seine Taille (das hatte er ja verboten) überging. Schließlich ist Osten Osten und Westen Westen, und ich war auf vollständige Frustration eingestellt: Stundenlange östliche Weitschweifigkeit ohne Klimax und Spermaverschwendung. Es war deshalb überraschend, als sich das Glied von Mister Jacob auf respektable Länge ausdehnte. Ich war gerade an der Innenseite der Beine, aber das dauerte nur den Bruchteil einer Sekunde. Er stöhnte, setzte sich aufs Bett, zog mich mit gespreizten Beinen auf seinen Schoß und drang mühelos in meinen feuchten Tunnel ein. Nichts, keine Stunde, zwei Minuten nach Beginn, ganz gewöhnlich, »wie in Amsterdam«, könnte man sagen.

»Spüren Sie«, fragte Mister Jacob, »meinen harten Penis in sich?« Ich spürte ihn. »Das ist die totale Entspannung«, keuchte er, während er fortfuhr, sich selbst im höchsten Grade zu erregen. Es war, after all, eine Frage der Wortwahl gewesen.

Später lag ich auf dem Rücken und Mister Jacob – was man auch alles in Büchern über Raffinement lesen mag – in der gewöhnlichen Position auf mir. »Now I shall fuck you«, flüsterte er und fügte die Tat zum Wort. Und Anweisungen bei der Tat: »Einatmen, Atem anhalten, ausatmen.« Wie ein Schwimmlehrer. Ironie drängte sich auf, aber es gelang mir, sie für einen Moment beiseitezuschieben, ich befolgte seine Instruktionen und merkte, daß meine Lippen zu beben begannen. »You see«, sagte Mister Jacob, »go on.« Ich machte weiter, er machte weiter. Schließlich fragte der Schatz: »May I come in?« Ich antwortete höflich: »Yes, please.« Und Mister Jacob kam. Es war alles außergewöhnlich schön, denn dieser Oberschwafler war kein Egoist, sondern ein Mann, der mit Hingabe bestrebt war, mich glücklich zu machen. So daß ich meine dringliche Frage noch einen Augenblick zurückstellte und ihn zu meinem Vergnügen ein zweites Mal sich aufrichten sah. Diesmal nahm er, auf meine Einladung, den Eingang von hinten, dieselbe Öffnung, aber von der Schattenseite. »Now I fuck you«, stellte er wieder fest.

Danach brachte er mir eine Zigarette und nahm selbst auch eine. Ich dachte nach. Es war ganz genau wie bei uns gewesen, nur weniger intim, weil man sich nicht geküßt hatte. »Jacob«, sagte ich, ihn zum ersten Mal duzend, »warum nennst du das nicht Sex?« »Oh nein«, sagte Jacob und stand auf, »das ist kein Sex, das ist etwas ganz anderes, Sex ist etwas für Tiere.« Mein Blick blieb zweifelnd. Er lachte, setzte sich zu mir und sagte: »Wirklich, du denkst vielleicht, daß ich dir etwas weisgemacht habe, aber dies war kein Sex, dies war Prädestination. Hast du die Vibrationen nicht gespürt, die von meinem harten Penis ausgingen? Schade, daß meine Freundin nicht dabei war, dann hättest du nämlich gefühlt, wie ganz anders dies alles ist.«

Ich war froh, daß seine Freundin nicht da war. Von mir aus brauchte er sich nicht zu entschuldigen. Man stelle sich vor, daß alles so todlangweilig gewesen wäre, wie man aufgrund seiner Beschreibung hatte fürchten müssen! Dieses Brimborium hatte durchaus eine Funktion, und ich war keineswegs vergewaltigt worden. Ich habe es nicht gewußt, ich mußte es auch nicht wissen, aber ich war im Unterbewußtsein darauf eingestellt gewesen. Ein schlauer Mann! Hypokrit, natürlich, absolut klar. Aber wenn er direkter gewesen wäre, wäre es nie dazu gekommen, denn ich hätte mich geweigert, und ich hätte es vielleicht erst Stunden später, im Touristenbus, zwischen all den entsetzlichen Damen und Ehepaaren bedauert. Das Gesetz des notwendigen Umwegs. Selbst die Escort-Ladies und die Geishas tun so, als ob man sich auch aufs Teetrinken beschränken könnte. Bei uns ist dafür meistens Alkohol erforderlich. »Und doch nennen wir das in Holland Sex«, sagte ich, um die Ehre unseres Landes zu retten. Aber Jacob hatte dafür nur ein verächtliches Lächeln übrig. »Sex, wie sollte das Sex sein – wenn du nur eine Stunde, eine Viertelstunde, was sag' ich, eine Minute früher zum Hotel gegangen wärst, hätten wir uns nicht getroffen. Dies ist kein Sex, dies ist Prädestination.« Er war nicht kleinzukriegen. »Was hast du eigentlich mit dem Ehepaar aus Australien gemacht?« fragte ich. »Oh, das waren junge Leute.« Erst hat sie ihn gestreichelt, dann hat er es mit ihr getrieben, das regte den Ehemann so an, daß er sich auch seinen Teil nahm. Es war ein Mann mit einem sehr großen Penis. »Ich bin nicht homosexuell, so daß bei mir die Frau immer bestens bedient ist«, sagte Jacob. »Findest du es gut, daß es deine Freundin in Singapur nun ohne dich tut?«

Natürlich war das gut. »Solange ich sicher sein kann, daß sie es mit niemandem, der auf Sex aus ist, treibt« – er blieb dabei, dies Wort mit Verachtung auszusprechen – »finde ich es gut und bin auch nicht eifersüchtig.« »Alles ist«, sagte er, »eine Frage des Selbstvertrauens.« Das hatte ihm zwischen seinem zwanzigsten und dreißigsten Lebensjahr völlig gefehlt, und er dachte, sein Leben sei vorbei, »finished«. Aber er hatte seine Scheu überwunden, Freunde gewonnen, Frauen angesprochen. »Ich bin vierundvierzig«, sagte er, und ich zeigte mich sehr überrascht und erklärte, ich hätte ihn auf achtunddreißig geschätzt. Mister Jacob fühlte sich etwas unterschätzt: »Ich habe die Potenz eines Vierunddreißigjährigen, mit vierundsechzig werde ich wahrscheinlich die Kräfte eines Mannes von vierundvierzig haben – denn ich bleibe in Übung, und ich habe Selbstvertrauen«, sagte er. »Wenn mich eine Frau nicht will, nehme ich das nicht persönlich. Und ich kann auch, wenn sie häßlich ist, ja, sorry, ich meine nicht dich damit, du bist schön, aber ich kann immer, ich achte nicht mehr so stark auf das Äußere.« Er brachte mir noch eine Tasse Kaffee und streckte sich neben mir aus.

Seine Bettmanieren blieben hygienisch. Aus einer Kleenexschachtel nahm er Tüchlein, die er mir gab und selbst auch benutzte, um die feuchten Körperteile abzutrocknen. Den Babypuder hatte er zum Glück vergessen. Hierauf begann die Sitzung aufs neue, diesmal vollständig in der Horizontalen, und sie beschränkte sich auf das Wesentliche. Nichts, keine Massage oder ähnliches. Es verstrich eine weitere Stunde. Er forderte mich auf, an schöne nackte Körper wie die unseren zu denken, die durch den Himmel schweben und es dort treiben. Dies sprach mich nicht an. Er sagte des öfteren: »Now I fuck you« und »My hard penis is in your warm cunt.« Er zog ihn heraus. »Look at it«, sagte er. Ich guckte und drückte meine Bewunderung aus. Er steckte ihn wieder hinein. »Now you feel my power«, sagte er, denn eitel war er schon. Als er schließlich soweit war, geschah es unter viel größerem Stöhnen und mit mehr Kraftanstrengung als die vorherigen Male. Wir machten beide ein Nickerchen, aus dem uns der Wecker herausriß, den mein aufmerksamer Gastgeber auf fünf Uhr gestellt hatte, um sich an sein Versprechen zu halten und doch die Gedanken nicht unnötig damit zu belasten. »Ich bin froh, daß ich Sie noch rechtzeitig getroffen habe«, sagte ich, während ich mich ankleidete. »Ja«, sagte Jacob, »es war mir auch ein Vergnügen.« Er gab mir einen herzlichen Kuß auf den Mund. Er hoffte, daß ich ihm schreiben würde, was ich von ihm gelernt hätte und wie ich seine Lektionen in die Praxis umgesetzt hätte. Ich lud ihn und seine Freundin ein, mich zu besuchen, wenn sie in Europa seien, aber ich hoffte, daß er seine Freundin zu Hause lassen werde; oder in einer Orgie. Wir tauschten Adressen aus. Er war ein Gentleman, denn er begleitete mich zurück zum Hotel. Im Bus nahm er meine Hand in die seine, was ich nett fand, denn wir waren schließlich Fremde, die Sitzung hatte – zumindest was mich anbelangt – diese Tatsache nicht verändert. Ich fragte ihn nach seinem Broterwerb, denn mit seiner Berufsauffassung konnte er doch nur schlecht Yogalehrer sein. Er arbeitete in einem Reisebüro, daher konnte er billig reisen. Ich erzählte ihm, daß ich in China gewesen war. »Aber es gefällt mir dort nicht«, sagte ich, »denn es herrscht keine Gedankenfreiheit.«

»Hast du angenommen, daß in diesen Ländern Gedankenfreiheit herrschen würde?« fragte Jacob. »Die gibt's dort nicht. In Japan vielleicht und in Hongkong und Malaysia, aber dann ist es aus. Sonst findest du sie nirgends in Asien. Was du allerdings findest, ist Gleichgültigkeit für den Wert und die Gesundheit eines Menschenlebens. In Indien, Indonesien, Burma, um nur einige Namen zu nennen, überall gibt es eine entsetzliche Oberschicht, die den Rest wie Hunde behandelt. Schlimmer als Hunde. Und es sind ihre eigenen Landsleute. Es sind alles selbständige Länder geworden, keine koloniale Macht beherrscht sie mehr, aber wenn der Mann krank wird, müssen Frau und Kinder betteln gehen. Ein Mächtiger erhält alles, er braucht dafür nicht einmal zu bezahlen. Wenn er in seinem Auto fährt und einen Mann sieht, der ihn unfreundlich anschaut, gibt er den Befehl, diesen Mann festzunehmen. Und dieser Mann weiß überhaupt nicht, wie ihm geschieht. Er hat wahrscheinlich nicht einmal unfreundlich geguckt, vielleicht hat sich das der Mann im Auto nur eingebildet, aber der Arme wandert ins Gefängnis. Es ist ihr eigenes Volk, aber sie jagen sie von der Straße, schlagen sie mit Stöcken, lassen sie krepieren. Du ahnst nicht, wie das Leben in Asien ist. Meinst du, daß die Gewerkschaft etwas zu sagen hat? Das kannst du vergessen. Sobald sie etwas ausrichten möchte, wird sie abgeschafft. Daß Zeitungen Bedeutung haben? Wahlen? Vergiß es. Die Regierenden sind so schlecht, daß es mir manchmal übel wird. Es gibt Momente, wo ich ein Maschinengewehr haben möchte, um sie alle abzuknallen. Schlechte Menschen. Es ist unvorstellbar, daß es solche schlechten Menschen gibt.«

Dies war die zweite große Überraschung des Tages: Mister Jacob hatte den Blödsinn aufgegeben und war ein leidenschaftlicher, erboster Herr geworden. Der Bus hielt vor dem Hotel. Wir umarmten uns, und ich gab ihm einen Kuß auf den Mund. Wir waren plötzlich Freunde geworden. Als ich mich beim Hoteleingang noch einmal umdrehte, winkte er mir von seinem Busfenster aus zu.

Rache 2000

In einer sozialmedizinischen Doktorarbeit, mit der kürzlich jemand promovierte, wurde - so las ich - festgestellt, daß Frauen mehr klagen als Männer, vor allem Frauen, die in Städten wohnen und, nach einer vorangegangenen Ehe, allein leben. Das verwundert mich eigentlich nicht, denn in Großstädten herrscht Frauenüberschuß, und je älter sie werden, desto mehr Frauen sind allein, da ihre Männer schon gestorben sind. Man schaue sich die Todesanzeigen in den Zeitungen an: es gibt Tage, an denen wirklich nicht eine einzige Frau stirbt, während die Männer am laufenden Band sterben, als ob das Männerleben in Friedenszeiten die Fortsetzung des Schlachtfeldes mit anderen Mitteln wäre. Wie ein Mann mit dem Problem fertig wird, weiß ich nicht, aber für Frauen ist die Aussicht auf ein ellenlanges Alter ohne einen einzigen Mann weit und breit nicht lustig. Kein Wunder also, daß sie viel klagen und mit ihren Klagen zum Arzt gehen, der ihnen wenigstens für einen Augenblick sein wohlwollendes Männerohr leiht. Ripeness is all, das ist so, und früh sterben ist auch nicht ideal, und doch: die Toten klagen nicht, also klagen mehr Frauen.

Männer sind nun einmal nicht so zäh und standfest. Ein einzelner hält schon mal bis ins hohe Alter durch, und der kriegt dann, sobald er Witwer wird, eine junge Frau zur Belohnung. Selbstverständlich gilt dies nicht für Frauen, und ich habe auch noch nie von einer siebzigjährigen Witwe gehört, deren Bekanntenkreis sich besonders angestrengt hätte, für sie einen netten Ehemann von sechzig oder notfalls achtzig zu finden.

Für Männer, gleich welchen Alters, tun dies die Bekannten liebend gern, obwohl es selten nötig ist, denn in der Regel hat bereits eine Freundin den Fuß in der Tür, oder es meldet sich schon freiwillig eine. Denn man weiß schließlich, daß ein Mann nicht allein sein kann. Er könnte sich ja nicht einmal ein Spiegelei machen. Eine herrliche Fiktion, bei der jedermann das Gesicht wahren kann!

Na ja, wie dem auch sei, statistisch freilich haben wir es mit einem völlig schiefen Verhältnis zu tun: zwei von drei Menschen in einer Großstadt sind Frauen. Keine einzige unserer Moralvorstellungen trägt dem Rechnung: die altmodische nicht, die moderne nicht und die feministische schon gar nicht: denn die erste geht aus von Monogamie und Tod im Kindbett, die zweite nennt die Monogamie LAT-Beziehung, aber es bleibt eine Beziehung von einem Mann zu einer Frau, und die feministische ignoriert die Wirklichkeit, weil damit die Frau nicht mehr ausschließlich begehrenswert wäre.

Es ist und bleibt das Vernünftigste, den Tatsachen mutig ins Auge zu blicken. So wie wir heutzutage die Arbeit aufteilen müssen, damit jeder einen Teilzeitjob bekommt, so werden wir auch den Artikel Mann aufteilen müssen. Grob geschätzt kommen auf einen Mann zwei Frauen. In der Praxis gehen wir auch schon längst davon aus, aber selten ohne Betrug, und das Resultat ist denn auch fast immer Enttäuschung bei der einen oder gar bei beiden Frauen. (Bei der einen, weil sie nicht die Einzige blieb, und bei der andern, weil sie nicht die Einzige wurde.) Alle lebten sie bisher nach einer der drei oben skizzierten Moralvorstellungen, und darin ist von Teilen nicht die Rede. Würde aber das »Teilen« bereits mit der Muttermilch eingesogen, wäre niemand mehr enttäuscht. Natürlich wird es immer wieder Leute geben, die behaupten, kein Bedürfnis nach einem halben Mann oder nach zwei Frauen zu haben. Es gibt sogar welche, die bereits den Gedanken daran mit Abscheu von sich weisen. Na gut, die müssen ja nicht, es zwingt sie keiner. Es ist nur so, daß die neue Moral verlangt, daß von Anfang an schon der Platz für einen zweiten da ist. Wie man das konkret organisieren will, bleibt einem selbst überlassen, da mischt sich die Regierung vorläufig noch nicht ein, wenn es nur läuft. Amouröse Verhältnisse dürfen nie mehr als die Hälfte der vorhandenen Zeit beanspruchen - ob man nun pro Tag, Woche oder Monat abwechselt, können die Paare selbst bestimmen. Hauptsache ist, daß sie kapiert haben, daß die andere Hälfte der Woche oder des Monats für eine andere Frau gedacht ist. Auch wenn es sie noch nicht geben sollte, oder nicht mehr, oder für eine gewisse Zeit nicht, ja selbst, wenn Mann und Frau einander versprechen, daß es sie nie geben wird. Vielleicht kommt sie wirklich nicht, das muß man ihm auch dann nicht übel nehmen, aber wahrscheinlich kommt sie doch. Zum jetzigen Zeitpunkt ist sowas noch kränkend, aber wenn alle darauf vorbereitet sind, ist es so natürlich wie Regen in Irland.

Am Anfang mit 18 oder 28 muß man sich behelfen, aber wenn ein Mann über 38 ist und noch immer ohne Zweitfrau, dann stimmt wohl bei ihm etwas nicht - man muß natürlich taktvoll bleiben, denn er kann ja nichts dafür. Wenn man selbst, als Frau, in der zweiten Wochen- oder Monatshälfte einen andern Mann hat, so ist das zwar schön, aber man darf es nicht lange so weiterführen, da es statistisch nicht zu verantworten wäre.

Auf diese Weise müssen Frauen nicht mehr lesbisch oder einsam werden und klagend beim Arzt sitzen, das ist der Vorteil. Ein zweiter Vorteil ist die Selbständigkeit der Frau in der anderen Zeithälfte, in der sie allein ins Kino oder auf eine Vernissage geht - alles sehr förderlich für die weibliche Selbstachtung. Und ach - Hauptsache ist, man liebt einander, was macht es dann, wenn man sich nur alle zwei Jahre an Sylvester sieht?

Aber alle Probleme aus der Welt schaffen, das kann auch diese Moral nicht, fürchte ich. Denn es gibt natürlich Männer, die drei Frauen wollen, die Sünde ist unausrottbar. Der Unterricht muß denn auch von klein auf so gestaltet werden, daß man den Kindern von Anfang an einhämmert, daß drei nicht besser sind als zwei, so wie uns früher gelehrt wurde, daß zwei schlechter sind als eine. Das Paradies ist unerreichbar, aber die Wartezimmer der Ärzte sind bestimmt nicht mehr so voll.

Die besitzende matrimoniale Klasse wird für meinen praktischen Vorschlag wenig Verständnis aufbringen. Zu Unrecht. Distanz tut not: Scheiden ist auch kein Zuckerlecken, »entweder gehe ich oder sie« ist auch keine Dauerlösung, und wie bringt die stolze Besitzerin eines kompletten Ehemannes dies noch in Übereinstimmung mit der Ethik der Gastfreundschaft? Die matrimonialen »have-nots« haben wahrscheinlich mehr Sympathie für meine Idee. Aber, aufgepaßt, ihr Haifische, ihr wollt ja genau dasselbe wie die arme Person, die zu Hause in Ruhe Tee trinkt, nur mit umgekehrten Vorzeichen. Also, man bedenke, die neue Moral wird jedem gerecht, und unser fossiles, statistisch längst nicht mehr zu rettendes Tag-für-Tag-Eheethos gehört ins Mausoleum der anderen überholten Formen und Gedanken.

Ich kann mich als Frau für die neue Moral natürlich nicht recht erwärmen. Sie ist realistisch, das ist das Einzige. Es gibt nun mal ein Überangebot an Frauen, die nicht mehr jung sind. Aber im kommenden Jahrtausend wird sich diese Wirklichkeit ändern müssen. Wir Frauen werden das Steuer in die Hand nehmen und damit auch Medizin und Wissenschaft lenken. Und sie werden es am eigenen Leib spüren, diese Männer. Wir lassen sie ohne das geringste Mitgefühl hundert Jahre alt werden. Sie sind dann dran, mit dem langen Leben, während wir bequem in unserem Grab liegen. Dann gibt es überfüllte

Sprechstunden mit Männern, die über ihre besten Jahre hinaus sind. Uns gibt's dann nicht mehr, wir sind diesen unangenehmen Teil unseres Lebens los.

Unsere Rache wird süß sein.

Alibi

Es war in der letzten Februarwoche, eigentlich noch Winter, aber man fühlte schon irgendwie den Frühling. Hester und Louis schlenderten den Kai entlang, ab und zu berührten sich ihre Hände. Hester fand aber, daß dies für einen Vorübergehenden wie Zufall aussehen mußte. Die beiden gingen nicht oft zusammen auf der Straße, denn Louis wohnte mit Frau und Tochter in einem andern Stadtteil, und sie sahen einander nur nach Absprache an einigen Nachmittagen in der Woche. Dies immer in Hesters Wohnung, wo sie keiner störte und wo sie ihre Kleider ausziehen konnten.

Aber heute lag so viel Verheißung in der Luft, daß Hester meinte, man könne doch nicht immer nur drin bleiben. Und Louis hatte nachgegeben, weil er ihr eine Freude machen wollte. Es war doch eigentlich kein Leben für sie, dachte er, und schubste eine zerdrückte Colabüchse ins Wasser.

»Komm, laß uns mal hier reingehen«, sagte Hester, »ich kenne diese Wirtschaft noch von früher. Einfach so, gemütlich miteinander!« Das Café hatte zwei große Fenster und lag an einem Platz an der Ecke einer schmalen Verkehrsstraße. Um diese Zeit war es fast leer. Zwei Frauen saßen an der Bar und schwatzten, die eine mit aufgetürmtem roten Haar schaute sich kurz nach ihnen um und sagte dann etwas zu ihrer unscheinbaren Freundin, worauf beide in schallendes Gelächter ausbrachen. Die Jukebox lief nicht, erst bei Anbruch der Dunkelheit würde hier Leben in die Bude kommen. Sie wählten einen Tisch am Fenster. Der Barkeeper, ein würdiger, aber noch junger Mann, der vor zehn Jahren bestimmt noch nicht hier gewesen war, fragte nach ihren Wünschen. »Kaffee«, sagte Louis, »und du?« Er will nicht, daß man später zu Hause »etwas riecht«, dachte Hester und sagte: »Auch Kaffee, bitte.«

Der Kaffee wurde gebracht. Ihre Hände lagen auf dem Tisch, ohne sich zu berühren, aber unter dem Tisch drückte Hester ihre Knie gegen die seinen, um in der Fremde Kontakt zu halten. Sie schaute aus dem Fenster. Es war Freitag, der Geflügelmann war in seinem Stand, den er nur freitags und samstags hier aufstellte; davor haufenweise Kundschaft, wie immer. Autos fuhren im Schrittempo vorbei oder hielten an, um einen Lastwagen aus der Seitenstraße durchzulassen. »Hier ist immer Stau, die Stadt ist nicht für Autos gebaut«, sagte Hester.

Louis, ein Mann mit grauem Haar, das einmal schwarz gewesen war, schaute sie an. Sie trug den Regenmantel, den er so liebte, und den Shawl, den er ihr geschenkt hatte. »Wenn ich mir die Haare nicht färben würde, wäre ich genauso grau wie du«, hatte sie oft zu ihm gesagt. Aber sie war jünger als er und in seinen Augen noch ein Mädchen. »Wie geht's dir denn so?« fragte er. »Ich habe nur wenig geschlafen«, sagte Hester. »Ich bin schon um fünf Uhr aufgewacht, es war noch dunkel, aber ich konnte nicht mehr einschlafen, denn mir fiel etwas ein. Etwas von Joost, aber ich weiß nicht...« Sie schaute ihn zögernd an. Er kannte Joost nicht, es war auch alles so lange her, sie war nun schon ebenso lange geschieden, wie sie verheiratet gewesen war. »Ich weiß nicht, ob ich es dir erzählen soll.« Louis nickte ermutigend, er kannte diese Stimmung bei ihr. Hester betrachtete den dicken roten Kater, der sich am Fenster putzte. Er ist der freundlichste Mann der Welt, und er hat viel Verständnis, ich will es ihm erzählen, dachte Hester. »Es geschah vor zehn Jahren, Joost und mir ging es nicht gut. Ich wußte nicht, was los war, aber er ging nicht mehr mit mir ins Bett und zeigte kein Interesse für mich. Ich nahm Valium. Es war alles seltsam, und ich fragte mich, ob er vielleicht krank sei, und hatte Angst. Eines Abends kam er von der Arbeit und sagte, daß er nach dem Essen wieder weg müsse. Er wollte mit einigen Kollegen und Studenten Musik machen, und sie hatten vor, dies, falls sie Gefallen daran finden würden, regelmäßig zu wiederholen. Er spielte Trompete, wie ich dir schon erzählt habe, aber er hatte jahrelang nicht mehr geübt. › Es ist in der Lutmastraat ‹, sagte er, ›ich will das Rad nehmen, aber ich weiß nicht, wie ich fahren muß.‹

Nun weiß ich genau, wo die Lutmastraat ist, denn ich habe als Kind in der Gegend gewohnt, so konnte ich es ihm leicht erklären. Er wollte etwa um 11 Uhr zu Hause sein, aber es wurde später als eins. Ich kannte das von ihm, er trank ziemlich viel, und wenn er abends ausging, kam er nie vor der Polizeistunde nach Hause. Ich war heilfroh, daß er nicht noch in ein Nachtcafé gegangen war. Die darauffolgende Woche ging er, wie angekündigt, wieder. Aber diesmal wollte er die Straßenbahn nehmen, er wußte aber nicht, welche Linie. Also erklärte ich es ihm und brachte auch noch den Stadtplan von Amsterdam. Aber, wie ich schon sagte, uns ging es in jenen Wochen schlecht, Joost war sehr verschlossen, und ich konnte keinen Schlaf finden, auch nicht mit Valium. Einmal nachts, als er schon am Einschlafen war und ich noch hellwach dalag, begann ich zu weinen und ihn anzuflehen. Es war verrückt, ich wußte schließlich von nichts, und wir hatten bisher eine glückliche Ehe geführt, aber ich sagte plötzlich: › Manchmal denke ich, daß du mich verlassen willst.‹ Wir hatten uns gerade ein neues Haus gekauft, es war völlig wahnsinnig. Aber er sagte darauf nicht, was ich erwartet hatte: › Wie kommst du nur darauf ‹, oder › Was für eine verrückte Idee ‹, sondern er war sehr lieb und geduldig und sagte, daß er mir morgen alles erklären wolle. Es sei doch jetzt so spät, ich solle mich bis morgen gedulden. Und ich hatte eigentlich gar keine Ahnung, ich kam nicht auf die Idee... Wir waren ja miteinander glücklich gewesen. Ich glaube, daß ich nur deshalb eine so glückliche Ehe gehabt habe, weil ich nicht auf den Gedanken gekommen bin.«

»Obschon, du doch auch...«, sagte Louis. Aber Hester schüttelte den Kopf. Sie wolle es nicht abstreiten, sagte sie, aber das war damals längst ausgestanden, und sie war froh, daß es endlich vorbei war. »Ich dachte immer, daß die Gefahr von meiner Seite kommen würde«, sagte sie. »Es kam mir vor, als sei Untreue, gerade weil ich ihm untreu gewesen war, meine Abteilung und nicht die seine. Verteilte Rollen!« Sie brach über ihre eigenen Worte in schallendes Gelächter aus. Louis lächelte abwartend. »Nun, am folgenden Morgen sagte er mir, daß er eine Freundin habe. Noch nicht lange, und er habe auch erst einmal mit ihr geschlafen, aber doch – er war verliebt. Das stimmte natürlich hinten und vorne nicht, die beiden hatten schon lange was miteinander, während ich Valium schluckte und nichts merkte, aber das ist ja nun schließlich egal. Er wollte ihren Namen nicht verraten. Aber er erzählte andere Details, und ich fand mit einem einzigen Anruf ihren Namen und ihre Adresse heraus – denn wenn ich eifersüchtig bin, werde ich zu einem Detektiv, und zwar zu einem sehr brauchbaren. Sie wohnte in der Rusterburgerstraat. Das ist eine Seitenstraße der Lutmastraat. Und das hat mich schockiert. Er wußte also ganz genau, wo die Lutmastraat war. Warum hat er mich dann danach gefragt? Und warum fragte er beim nächsten Mal wieder? Davon schrak ich heute früh hoch. Was hat ihn dazu bewogen? Der reine Sadismus? Es kann nichts anderes als Sadismus gewesen sein. Später ist noch so vieles gewesen, was alles in diese Richtung weist. Aber ich liebte ihn, und ich dachte jedesmal, daß es ein Irrtum war, und noch immer kommt es mir wie ein Albtraum vor, daß er eine sadistische Ader hatte, ohne daß ich es bemerkt hätte. Daß sich jemand verliebt, o.k., aber daß er mich auf der Karte zeigen läßt, erst wie er hinradeln, und dann, wie er mit der Straßenbahn hinkommen kann... Das ist Quälerei und Grausamkeit und Sadismus, und das begreife ich nicht.«

Louis schwieg. Er hatte Mitleid mit ihr, das fühlte Hester. Sie bekämpfte den Impuls, sich zu entschuldigen, sie war nun schließlich mit ihm zusammen, es gab keinen Grund, sich noch so über den Mann aufzuregen, von dem sie »Gott sei Dank«, wie sie manchmal sagte, geschieden war. Aber Louis war ein Menschenkenner, und er liebte sie, er würde begreifen, daß naheliegende Schlußfolgerungen sie überforderten. »Bin ich etwa eine Frau, die einen Sadisten anzieht?« sagte sie. »Ich habe ihn das auch sofort gefragt, und weißt du, was er sagte? › Alibi ‹. Ich begriff das damals nicht, und ich begreife es heute noch nicht. Und doch haben wir zwölf Jahre miteinander gelebt und sind schon zehn Jahre geschieden.«

Louis schaute aus dem Fenster. Ein bißchen traurig, schien es, aber unübersehbar auch leicht amüsiert. »Ja«, sagte er, »Alibi, das ist es. Und er wollte dich teilnehmen lassen. Das ist kein Sadismus, das ist einfach so. Er wollte eigentlich, daß du gutheißt, was er tat. Du solltest deinen Segen dazu geben. So sind Männer oft. Wir nennen eine › Straße in der Nachbarschaft ‹.« Seine leichte Amüsiertheit war nun ganz deutlich geworden, und er schaute sie beinahe strahlend an. Die Katze war eingeschlafen, die Frauen an der Theke waren schon vorher weggegangen, und aus dem Vorfrühlingsmittag war ein dunkler Winternachmittag geworden. Seltsam, dachte Hester, das wirkt wie das Bild einer Schachtel, auf der dieselbe Schachtel immer wieder und immer kleiner abgebildet ist. Und die größte Schachtel heißt: JETZT.

Louis gab ihr einen Klaps auf die Hand. Seinem entschiedenen Lächeln entnahm Hester, wie spät es war. Sie schob ihren Stuhl zurück. Er stand auf und sagte: »Jetzt müssen wir gehen.«

Männer und Frauen

Das Leben ist voller Dinge, die nicht sein können, aber die doch sind. Wenn ich um mich blicke, stelle ich ein Gesetz des täglichen Lebens fest: Alle Männer sind verheiratet, und alle Frauen sind geschieden. Es kann nicht sein, aber es ist doch so, von Ausnahmen, die sich hinter dem Horizont abspielen, abgesehen.

Es ist keine Veränderung zu erwarten durch das Gesetz, das aus folgendem Gebot spricht: Fang nichts an mit einem verheirateten Mann, denn er verläßt seine Frau doch nicht. Zu diesem Gesetz gehört der Zusatz: Es sei denn, daß du selbst mit ihm verheiratet bist, dann wird er dich verlassen.

Die paar Frauen, denen ich diesen Befund vorlegte, schauten etwas amüsiert, aber statistisch dürfte dies schwer zu belegen ein. Das Einzige, das daraus hervorgeht, ist die ewig menschliche Verwunderung über die Dauerhaftigkeit von anderer Leute Besitz und über die Vergänglichkeit des eigenen.

Männer sterben früher als Frauen. Man schaue sich nur die Todesanzeigen an: Es vergehen ganze Tage, ohne daß in der Zeitung der Tod einer einzigen Frau angezeigt wäre. Aber wenn es einem Mann einmal gelingt, alt zu werden, dann bekommt er als Belohnung eine junge Frau. Man kann diese Belohnung natürlich auch herunterspielen, und diejenigen, die sie nicht erhalten, tun das denn auch aus vollem Herzen, aber ich finde sie nicht übel.

Was können wir Frauen dagegen bieten? Gegen all die Casals und Picassos und Willinks und Rubinsteins (Arthur, natürlich) der Welt? Sage und schreibe eine einzige Colette.

Übrigens auch Colette, so unabhängig, schön und brillant sie gewesen sein mag, ließ sich nicht scheiden, weil sie ihrer Ehen überdrüssig war. Beide Male lag die Initiative zum Bruch bei ihren Männern. In einem gescheiten Artikel in *Opzij* beteuert Hieke Weeda, daß der Mann mehr Vorteile von der Ehe hat, die Frau aber von der Scheidung. Vielleicht stimmt's, auf alle Fälle kann es meiner Beobachtung »alle Männer sind verheiratet und alle Frauen geschieden« eine etwas fröhlichere Note verleihen.

Ärgerlich ist nur, daß die Männer in stärkerem Maße die Wahl haben als die Frauen. Denn alle Frauen, die mir in den Sinn kommen, sind geschieden von Männern, die nach ihrer Scheidung keine Mühe hatten, sich eine viel jüngere Frau zu angeln und sie zu heiraten. Es ist offensichtlich nicht zu ihrem eigenen Vorteil, aber junge Frauen heiraten gern. Ältere Frauen heiraten - fürchte ich - nur darum nicht, weil die Männer, die sie kennen, alle verheiratet sind. Das mag im »Interesse« dieser Frauen sein, aber es bleibt eine lästige Tatsache, daß sie nicht wirklich die Wahl hatten.

Vielleicht möchten sie gar nicht mehr heiraten, aber weil niemand um sie anhält, werden sie das nie sicher wissen.

Väter und Töchter

Ist es wirklich so wunderbar, einen Vater zu haben? Man weiß ja, daß viele kleine Mädchen ihren Vater für den liebsten Mann der Welt halten. Er werde sie immer beschützen und ganz im geheimen auch am allermeisten lieben. »Jetzt bin ich noch klein«, denken sie, »aber wenn er alt ist, werde ich für ihn sorgen, denn dann bin ich groß, und die Mutter ist bis dahin endgültig verschwunden.« Weinend werden sich Vater und Tochter in die Arme sinken: endlich frei, endlich zu Hause, endlich am Ziel.

Zumindest ich habe mir das lange so vorgestellt und tu es immer noch, sicherlich auch deswegen, weil mein Vater nicht alt wurde (und ich darum in dieser Beziehung ebenfalls nicht). Aber wie sieht es eigentlich in der Praxis aus? Ich sehe es in meiner Umgebung, ich lese darüber in Büchern und habe es eigentlich sogar selbst noch erlebt: Was wollen die Väter in Wirklichkeit von ihrer kleinen Tochter? Daß sie lieb zur Mutter ist! Daß sie sie nicht ärgert und klein beigibt, wenn sich die Mutter über sie beklagt hat. Mutter, Mutter, Mutter, immer kommt Mutter zuerst!

Und dies ist nicht etwa ein vorübergehender Zustand. Auch wenn der Vater alt ist und die Tochter längst erwachsen, fällt er ihr nicht um den Hals, sondern will, was er immer schon wollte, daß sie lieb zur Mutter sei. Und auch die Mutter denkt, was sie schon immer dachte, daß ihre Tochter so unberechenbar sei, so kühl und eingebildet. Mutter schmollt, und Vater weiß sich nicht anders zu helfen, als daß er seine Tochter ihrem »Erzfeind« ausliefert.

Die Tochter möchte ihren Vater zeitlebens erobern,

aber bis zum Ende seiner Tage kann sie ihn nur erweichen, indem sie lieb ist zur Mutter. Zu seiner Frau, die, weil sie in einem ganz anderen Märchen lebt, gar nicht daran denkt, aus demjenigen der Tochter zu verschwinden.

Es ist also gar nicht so idyllisch, einen Vater zu haben, wie die vaterlose Tochter glauben möchte.

Moderne Liebe

Vor Jahren unterhielt ich mich mit meinem Wohnungsnachbarn, der, wie ich auch, allein lebte, oft über Liebe. Unsere Ehen waren gescheitert, und deshalb beschäftigten wir uns intensiver mit dem, was uns als »das Rätsel des andern Geschlechts« vorkam. Wir waren uns über vieles einig, namentlich darüber, daß wir an unserer verfahrenen Lebenssituation selber schuld waren. Deshalb wollten wir uns bessern. Wir hatten drauflos gelebt, uns nicht um das Morgen gekümmert. Wir mußten uns drastisch ändern, und wir nahmen uns deshalb vor, unsere Arbeit sehr wichtig zu nehmen und fortan über alles andere zu stellen.

Wie war das eigentlich mit den menschlichen Eigenschaften? Welche nützt uns am meisten? Mein Wohnungsnachbar war eigentlich der Meinung, daß Intelligenz die einzige sei, die in Zeiten der Not wirklich nützen könnte, aber weil er mich höflicherweise für intelligent hielt und ich doch offensichtlich im gleichen elenden Zustand wie er war, sah er nicht mehr in der Intelligenz, sondern nur noch in der Vorsicht das einzige Heil. Wir gründeten die Firma Prudent, Prudent and Prudent.

Mit Rührung denke ich an dies Detail aus der schrecklichen Zeit zurück. Denn wir machten uns diese Vorsicht fast täglich neu zum Vorsatz, veränderten uns dabei natürlich doch nicht und waren schlicht und einfach unglücklich. Unglück aber war für die innere Entwicklung, die uns vorschwebte, nur ein Hindernis.

Über andere Aspekte der Liebe waren wir oft gar nicht einer Meinung. Durch unsere Sorge dazu verdammt, schoben wir diese Meinungsunterschiede aber nicht auf den Unterschied zwischen ihm und mir, sondern auf den generellen zwischen Mann und Frau. Wir repräsentierten füreinander das andere Geschlecht und quatschten drauflos: »Wenn du mit jemandem zum ersten Mal ins Bett gehst, ist das nie so überwältigend«, sagte ich zum Beispiel. Das fand er allerdings überhaupt nicht. Gerade das erste Mal, das war aufregend, einmalig und deshalb wichtiger als alle folgenden. Wir ließen uns nicht auf Ausnahmen ein und stellten uns stur. Wenn man ihn hörte, verstand man nicht, wie es bei ihm zu Verhältnissen, ja sogar zu einer Ehe hatte kommen können, und wenn man mich hörte, begriff man nicht, wie dem immer abscheulichen ersten Mal je ein zweites hatte folgen können.

Eines Tages fragte ich eine Freundin, die auch in unserer Gegend wohnte, nach ihrer Meinung. Sie sprach die denkwürdigen Worte: »Einmal ist kein Mal, zwei Mal ist etwas, und drei Mal ist ein Verhältnis.« »Siehst du«, sagte ich zu meinem Nachbarn, »ich bin nicht die einzige!« »Ihr seid Mädchen«, sagte er, »für uns ist das anders.«

Ach, es waren entsetzliche Zeiten! Wir verallgemeinerten, was das Zeug hielt, in der Hoffnung, das Leben doch noch an einem Zipfel fassen zu können. Der Mann tat dies, die Frau tat das, und nie würden die beiden einander verstehen können. Der Graben war unüberwindlich. Ein Wunder, daß ich damals nicht lesbisch geworden bin, logisch wäre es gewesen. Aber Logik vermag auch nicht alles.

Als Faustregel lasse ich »Einmal ist kein Mal, zwei Mal ist etwas, und drei Mal ist ein Verhältnis« immer noch gelten. Nach dem zweiten Mal entstehen nämlich erst die Schwierigkeiten, denn ein Verhältnis ist gefährlich. Das ganze Elend, in das die Freundin aus unserer Gegend und ich und eigentlich alle meine Freundinnen auch hineingeraten waren, wurzelte in einem Verhältnis. Man wollte Verhältnisse, natürlich, das Leben wäre ohne sie leer –

aber, man mußte doch sehr auf der Hut sein, um durch sie nicht unglücklich zu werden. Je angenehmer der Sex war, desto mehr hieß es aufpassen. Ich nannte das damals »das neue Aufpassen«. Schwanger (»das alte Aufpassen«) mußte man nicht mehr werden, aber man mußte mehr denn je aufpassen, daß man sich nicht an jemanden band. Man durfte sich nicht verlieben, denn dann entstand Abhängigkeit, und sie war die Wurzel allen Übels. Liebe und Sex mußten getrennt bleiben. Sex und Freundschaft, das ging, Liebe und Freundschaft auch, das war sicher - aber Sex und Liebe war viel zu gefährlich.

Und auch gar nicht notwendig. Sex mußte man natürlich haben. Die alte Moral betrachtete ihn als Sünde, aber die neuere fand ihn gesund. Ja, geradezu unentbehrlich für die Gesundheit.

Wenn man ihn nicht kriegen oder haben kann (den Sex), werde man frustriert. Wie man das allerdings jemandem ansieht, weiß ich immer noch nicht, aber ich stellte mir dabei jeweils einen bitteren Zug um den Mund und ausdruckslose Augen vor. Wir trachteten also nach Verhältnissen mit Sex und ohne Liebe.

Einen Mann brauchte man genau genommen nicht dazu. Es genügte eine Frau oder man selber. Emma und Lodewijk Brunt geben in *Das gute Leben* (Kap. 3) eine ganze Menge dieser schicken Rezepte, die sie allesamt lächerlich finden, und ich finde das, ehrlich gesagt, auch - aber von ihrer sicheren Warte aus sehen sie weniger deutlich als ich, wie beängstigend das Erlebnis war, aus dem heraus das Bedürfnis nach diesen Experimenten entstanden war.

Ich frage mich, warum ich die ganze Geschichte in der Vergangenheitsform erzählt habe, denn Sex scheint auch jetzt noch unabdingbar für die Gesundheit zu sein, und Verhältnisse sind heute noch genauso zerbrechlich wie gestern. Aber ich bin inzwischen schon längst umgezogen, und mein ehemaliger Wohnungsnachbar lebt wieder in einem andern Haus, und es geht uns - obschon wir uns nicht verändert haben - momentan wieder gut. Nur das Mädchen, das die denkwürdigen Worte gesprochen hatte: »Einmal ist kein Mal, zwei Mal ist etwas, drei Mal ist ein Verhältnis«, ist in Griechenland von einem Fels gestürzt und war sofort tot. Indem ich an sie dachte, habe ich diese nutzlosen Jahre gerührt in der Vergangenheitsform beschrieben.

Eifersucht

Von Tess Schlesinger, die jung (mit 39 Jahren) gestorben ist, gibt es nur zwei Bücher: *The Unpossessed,* einen Roman, den ich nicht kenne, und *On Being Told That Her Second Husband Has Taken His First Lover and Other Stories,* einen Band mit Erzählungen, den ich außergewöhnlich gut finde. Alle darin enthaltenen Geschichten sind 1935 erschienen und haben das Niveau von Mary McCarthy in ihrer besten Zeit, der *The Company She Keeps*-Periode. Es handelt sich um ein Quadrangle-Buch, das bei The New York Times Co. erschienen ist, aber ich weiß nicht, ob man es in Holland kaufen kann, denn mir hat es eine Bekannte aus Amerika mitgebracht. Tess Schlesinger ist ehrlich, sie ist geistreich und hat eine scharfe Beobachtungsgabe. In einigen Geschichten widerfährt einem das Vergnügen, daß man eine bekannte Situation wiedererkennt, und in anderen erlebt man etwas, das noch viel seltener vorkommt, man versteht nämlich etwas, das man noch nie verstanden hat oder was einem sonst nicht einmal aufgefallen wäre. (Ein Beispiel für das erste die Titelgeschichte, für das zweite *Mother to Dinner* und für das dritte *White on Black*).

Vor allem von der ersten Erzählung, die mir wie aus meinem Leben herausgegriffen vorkommt, wünschte ich, ich hätte sie geschrieben. Genauso geht es, so ist es, so bin ich auch - aber sie hatte das Talent, und darum hat sie es geschrieben. Der zweite Ehemann von Cornelia, der Hauptperson der Geschichte, erzählt seiner Frau, während sie miteinander im Bett liegen, daß er ein Verhältnis habe mit einer anderen. Tess Schlesinger beschreibt, was Cornelia denkt, was sie sagt und was sie von dem denkt, was sie sagt. Cornelia ist sehr geistreich und bleibt es auch, aber ihre Späße sind alle von finsterer Selbstkritik begleitet.

Auch das Verhalten der beiden Eheleute wird beschrieben: das seine beruht auf billigem Spott, der kein Trost ist, und wird von Tess Schlesinger deshalb vernachlässigt. Sie richtet ihr Augenmerk vor allem auf das absurde Benehmen von Cornelia, der trotz ihrer zur Schau gestellten Kaltblütigkeit nichts anderes einfällt als das, was eine Frau in ihrer Lage nun einmal tut: sich festklammern.

Mann und Frau haben nach der Beichte zusammen gefrühstückt. Beide benahmen sich dabei sehr korrekt; nun ist er im Begriff wegzugehen. Er trägt einen Frühlingsanzug, obwohl es noch Winter ist, und wird heute abend »etwas später kommen«. Sie schenkt ihm noch eine Tasse Kaffee ein, die er höflich austrinkt. Er erhebt sich. Sie erhebt sich. Sie öffnet alle Knöpfe seines Jacketts und drückt sich an ihn, wie ein kleines Mädchen. Er legt seine Arme um sie. »Er drückt mich ziemlich fest an sich«, denkt sie. Aber sie fühlt, wie sich seine Umarmung lokkert. Sie kann den Abschied in seinen Fingerspitzen spüren. Sie gibt sich trotzdem für eine Sekunde dem Genuß hin, sie stiehlt sich, was er ihr nicht geben will, die Illusion, daß er sie so fest hält, als ob er sie nie mehr loslassen würde. Darauf läßt sie ihn gehen und albert dabei dumm herum.

Inzwischen hat sie natürlich fieberhaft darüber nachgedacht, was zu tun sei. Die erste Maßnahme, die sich aufdrängt, ist Untreue. Einen Liebhaber zu nehmen, Rache. Aber es ist, so wie es schon im Titel steht, bereits ihr zweiter Ehemann, und sie weiß aus Erfahrung mit dem ersten, daß diese Lösung nichts taugt. Beim ersten wurde das deutlich, und der zweite hatte schon des öfteren gesagt: »Du kannst tun, was du willst, aber – keine anderen Männer! Frag mich nicht warum, ich weiß selbst nicht weshalb, aber für einen Mann ist das anders.« Cornelia ist völlig davon überzeugt: »Ein Liebhaber – und man verliert fast alle Macht über den Mann. Es ist nicht so, daß die Männer einen solchen verachten. Die Wahrheit ist, daß sie nicht auf normale männliche Weise lieben können, wenn sie teilen müssen.«

»Aha«, dachte ich, als ich das las, »nicht auf normale männliche Weise«, es ist scheinbar ein Naturgesetz. Am Schluß von *Quartet*, einem der ergreifendsten Bücher von Jean Rhys, kommt eine entsprechende Situation vor, nur triumphiert dort die Ehefrau und der weibliche Eindringling (die Hauptperson) verliert. Ein Dreiecksverhältnis: Der Mann ist in ein Mädchen verliebt, das Mädchen ist wahnsinnig in ihn verliebt, die Ehefrau versucht, die Situation zu manipulieren und dabei einen kühlen Kopf zu bewahren. Eines Abends verläßt das Mädchen das Ehepaar, weil sie schnell zu ihrem eigenen Mann muß, der gerade aus dem Gefängnis entlassen wurde und den sie deshalb in diesem Moment nicht im Stich lassen kann. Sie verschwindet, und die Matrone (der wir das nicht gönnen) setzt ein zufriedenes Lächeln auf, sie kennt ihren Mann und sie weiß, daß das Verhältnis hiermit für ihn zu Ende ist. Das Mädchen kommt am nächsten Morgen zurück, und tatsächlich, der Mann (dem wir das auch nicht gönnen) bleibt ungerührt: Das Verhältnis ist aus, sie kann etwas Geld haben und abziehen.

Von der Eifersucht wird oft gesagt, daß es eine typisch weibliche Eigenschaft sei. Männer könnten auch eifersüchtig sein, aber Frauen seien viel eifersüchtiger als Männer. Ich glaube das nicht mehr. Ich glaube, daß dieser Eindruck durch Frauen hervorgerufen wird, die mit ihren untreuen Männern weiter ins Bett gehen und sich dabei natürlich über ihr Los beklagen. Wären sie nicht so willfährig, hätten sie bedacht, daß dies eine physische Unmöglichkeit ist: »Sorry, Schatz, du kannst tun, was du willst, aber keine anderen Frauen. Frag nicht warum, ich weiß selbst nicht weshalb, aber ich kann doch sonst nicht mehr auf normale weibliche Art lieben.«

Aber leider sind die Frauen nicht auf diesen praktischen Gedanken gekommen, auch wenn es für Frauen genauso gilt wie für Männer. Aber für den Mann ist die Ablehnung mit seiner Potenz verknüpft, und die Frau ist leider nicht auf diese Idee gekommen. Sie schluchzt und klagt und schimpft, was natürlich für ihren Mann lästig ist, aber ein Naturgesetz ist es nicht. »Oh, du hast eine andere? Ja, dann ist es aus zwischen uns. Ich würde dir das Vergnügen gerne gönnen, aber ich kann nicht, eine Frau kann leider nicht lieben, was sie teilen muß.« Schön gesagt, nicht wahr? Wenn ich noch einmal geboren werden sollte, hoffe ich, dies nicht vergessen zu haben und es im richtigen Moment anzuwenden.

Inhalt

Auf eigenen Wegen
21 Bücher von Isabel Allende bis Marina Zwetajewa

Auf eigenen Wegen. Das ist Altes und Neues, Bekanntes und Unbekanntes, Klassisches und Modernes, vom Schmöker über die Autobiographie zum Essay. 21 erfolgreiche Taschenbücher von Frauen: ein lebendiges, ein facettenreiches Bild, das der Suhrkamp Taschenbuch Verlag in preisgünstigen Sonderausgaben vorstellt: zum Kennenlernen, zum Wiederentdecken, zum Weiterempfehlen: Eine Einladung zum Lesen.

Isabel Allende
Das Geisterhaus

Roman. Aus dem Spanischen von Anneliese Botond
st 1901. 503 Seiten.
»Das Geisterhaus«, der erste und vielleicht schönste Roman von Isabel Allende, das Buch, das sie weltberühmt machte: »ein Roman, wie es ihn eigentlich nicht mehr gibt, prall von Geschichte«.

Elizabeth von Arnim
Elizabeth und ihr Garten

Roman. Aus dem Englischen von Adelheid Dormagen
st 1902. 132 Seiten.
Was bin ich doch für eine glückliche Frau, daß ich in einem Garten lebe, mit Büchern, Kindern, Vögeln und Blumen und reichlich Muße, all das zu genießen!
Elizabeth von Arnim

Tanja Blixen
Ehrengard

Aus dem Englischen von Fritz Lorch
Mit einem Nachwort von Brigitte Kronauer
st 1906. 90 Seiten.
»Ehrengard«, die letzte Erzählung, die Tanja Blixen geschrieben hat, hätte, wie sie kurz vor ihrem Tod verraten hat, auch den Titel »Tagebuch des Verführers« tragen können.

Emily Brontë
Die Sturmhöhe

Aus dem Englischen von Grete Rambach
st 1907. 365 Seiten.
»Wuthering Heights«, »Sturmhöhe«, heißt das Besitztum in einer einsamen Moorgegend Englands, in dem dieser kunstvolle, durch drei Generationen führende Familienroman spielt.

Marguerite Duras
Der Liebhaber

Roman. Aus dem Französischen von Ilma Rakusa
st 1908. 194 Seiten.
Mag jeder dieses Buch auf seine Weise verstehen. Mir scheint, daß Marguerite Duras sagen wollte: ›Die Liebe, sie ist doch kein leerer Wahn‹. Joachim Kaiser, Süddeutsche Zeitung

Ingeborg Bachmann
Malina

Roman
st 1903. 362 Seiten.
»Malina«, der einzige Roman der großen Lyrikerin Ingeborg Bachmann, ist das Buch einer Beschwörung, eines Bekenntnisses, einer Leidenschaft.

Djuna Barnes
Nachtgewächs

Roman. Deutsch von Wolfgang Hildesheimer
st 1904. 192 Seiten.
Djuna Barnes gehört zu den größten zeitgenössischen Dichterinnen Amerikas. »Nachtgewächs« ist ihr bekanntestes Werk. Es ist ein Buch der Liebe, der Verzweiflung, der Nacht – der Nacht der Nächte.

Ulla Berkéwicz
Maria Maria

Drei Erzählungen
st 1905. 94 Seiten.
»Maria Maria«, drei Erzählungen, drei Märchen, drei Geschichten aus einer verzauberten und verzaubernden Welt.

Natalia Ginzburg
Ein Mann und eine Frau

Aus dem Italienischen von Arianna Giachi
st 1909. 190 Seiten.
Natalia Ginzburg, diese Meisterin des Einfachen, erzählt ohne Pathos und Sentimentalität Geschichten über den Zerfall der Familie, der Ehe, der Freundschaft.

Lillian Hellman
Eine unfertige Frau
Ein Leben zwischen Dramen

Aus dem Amerikanischen von Kyra Stromberg
Mit einem Nachwort von Ruth-Esther Geiger
st 1910. 276 Seiten.
Lillian Hellman, Theaterautorin, New Yorker femme fatale und Lebensgefährtin von Dashiell Hammett, hat alles andere als ein langweiliges Leben geführt. Knapp und klar erzählt sie ihren Lebensbericht.

Ricarda Huch
Der letzte Sommer

Eine Erzählung in Briefen
st 1911. 152 Seiten.
»Der letzte Sommer« ist eine meisterhafte Erzählung in Briefen, ist eine Kriminalgeschichte und ist auch das Psychogramm zweier Menschen im vorrevolutionären Rußland.

Marie Luise Kaschnitz
Elf Liebesgeschichten

Ausgewählt von Elisabeth Borchers
st 1912. 184 Seiten.
Zu irgendeiner Zeit und auf irgendeine Weise muß man es erfahren. Entweder man ist noch ganz jung, oder man ist gar nicht mehr jung. Aber einmal muß man es erfahren, auf jeden Fall.
Marie Luise Kaschnitz

Angeles Mastretta
Mexikanischer Tango

Roman. Aus dem Spanischen von Monika López
st 1913. 327 Seiten.
»Mexikanischer Tango«, ein Roman voller Liebe und Leidenschaft: Das Mädchen Catalina wird die Frau eines älteren und mächtigen Mannes und muß lernen, ihre eigene Stärke zu entdecken.

Erica Pedretti
Valerie oder Das unerzogene Auge

st 1914. 140 Seiten.
Valerie ist das Modell des Malers Franz und seine Geliebte, und sie erkrankt an Krebs. Ohne seine Hilfe aber lernt sie, mit eigenen Augen zu sehen: »Nie war Glück etwas so Einfaches. Und noch nie war ich entschlossener als jetzt, es wahrzunehmen bis aufs letzte.«

Luise F. Pusch
Das Deutsche als Männersprache

Aufsätze und Glossen zur feministischen Linguistik
st 1915. 202 Seiten.
Seit Mitte der siebziger Jahre erlebt man mit wachsendem Befremden, wie frau die deutsche Sprache instandbesetzt. Früher fand sie keinen Raum in dieser Herr-berge, genannt »Muttersprache« (ausgerechnet).

Christiane Rochefort
Zum Glück gehts dem Sommer entgegen

Roman. Aus dem Französischen von Eugen Helmlé
st 1916. 222 Seiten.
»Zum Glück gehts dem Sommer entgegen« schildert den Auszug der Kinder aus der Welt der Erwachsenen. Der Roman ist eine Warnung an Eltern und Lehrer, Kinder ernst zu nehmen und sie als Menschen anzuerkennen.

Mercè Rodoreda
Der zerbrochene Spiegel

Roman. Aus dem Katalanischen von Angelika Maass
st 1917. 316 Seiten.
»Der zerbrochene Spiegel« ist der Roman einer Familie, die Geschichte von drei Frauengenerationen: Teresa, Oberhaupt der Familie, Sofia, deren Tochter, und Maria, uneheliches Kind des Schwiegersohnes.

Renate Rubinstein
Immer verliebt

Aus dem Niederländischen von Rahel E. Feilchenfeldt
st 1918. 138 Seiten.
»Immer verliebt« erzählt in Geschichten die Phasen und alle Aspekte der Liebe: das Grübeln über das andere Geschlecht, die Eifersucht und natürlich den Zustand der Verliebtheit, in dem »jede Handlung, jeder Zufall, seine tiefe Bedeutung erhält«.

George Sand
Geschichte meines Lebens

Aus ihrem autobiographischen Werk ausgewählt und mit einer Einleitung versehen von Renate Wiggershaus
st 1919. 255 Seiten.
»Geschichte meines Lebens« ist das Portrait einer Frau, die unabhängig und frei leben wollte und so gegen viele gesellschaftliche Konventionen und Regeln verstieß. Ein Buch, aktueller denn je.

Gertrude Stein
Zarte Knöpfe

(Tender Buttons)
Deutsche Übertragung von Marie-Anne Stiebel unter Mitarbeit von Klaus Reichert
st 1920. 102 Seiten.
Kein Werk Gertrude Steins ist höhnischer abgekanzelt worden als die 1914 erschienenen »Tender Buttons«, keines ist typischer für ihre experimentierende Schreibweise.

Marina Zwetajewa
Auf eigenen Wegen

Tagebuchprosa
Moskau 1917-1920, Paris 1934.
Übersetzung und Nachwort von Marie-Luise Bott
st 1921. 270 Seiten.
»Auf eigenen Wegen« versammelt alle bisher bekannte Tagebuchprosa, Texte voller Sprach- und Lebensbewußtsein, dieser neben Anna Achmatowa größten Lyrikerin und Prosaistin Rußlands.